歴史文化ライブラリー

493

大地の古代史

土地の生命力を信じた人びと

三谷芳幸

吉川弘文館

目　次

1　古代に大地的霊性を探る

古代に大地的霊性を探る——プロローグ

石塔と地神信仰

横浜で暮らしていたとき、市内の神社を歩いていると、境内の片隅にふしぎな石造物が立っているのを目にすることがあった。地神塔《じじんとう》と呼ばれる石塔で、正面に「地神」あるいは「地神塔」という文字を刻むだけのものが多いが、なかには愛くるしい女神像を彫りだしたものもある。かつて、その地域の人びとが、大地の神である地神の存在をみとめ、それを熱心に信仰していたことを示す遺物である。

調べてみると、このような地神塔が一般に立てられたのは、全国でも一部の地方にすぎず、神奈川県はその主要なエリアをなすが、なかでも横浜市域は分布が濃密で、ほぼ旧村ごとに一基の造立が認められるらしい。地域住民が地神講という結社をつくり、春秋の祭日に地神を祀って集会をするとともに、その信仰をあらわすモニュメントとして地神塔を

図1　地神塔（横浜市神奈川区，笠稈稲荷神社）

図2　女神像地神塔（横浜市緑区，横浜市指定有形文化財）

立てたのである。江戸時代の後期、一八世紀末から本格的に造立が始まり、一九世紀半ばにそのピークを迎えるという（松村雄介・一九八七）。

地神塔に祀られる神は、堅牢地神《けんろうじしん》という、仏教世界における大地の神にしばしば結びつけられた。じっさい、塔自体に「堅牢地神」の文字が刻まれていることも少なくない。大地の堅固不動を象徴する女神であり、地神塔を立てた人びとは、この地母神《ちぼしん》としての神を、豊作をもたらす農業神として信仰していた。

この堅牢地神の威力を説いたものに、地神経《じしんきょう》という偽作の民間経典がある。そして、江戸時代にこの経典を専門に読誦《どくじゅ》していたのが、琵琶弾きの盲僧たちである。かれらは、家々をまわってカマドの神を祓い清めたり、村の祭礼によばれて五穀豊穣を祈ったりしたが、そのとき必ず唱えられたのが地神経であった（兵藤裕己・二〇〇九）。堅牢地神への信仰が、人びとのあいだに広まった背景には、この地神経の存在があったのだろう。ただし、盲僧の活動は九州や中国地方西部を中心にしていたようなので、横浜にみられる地神信仰が、具体的にどのような経緯で広まったのかは、必ずしも明らかでない。

むしろ驚くべきは、こうした地神経にもとづく堅牢地神への信仰が、とおく平安時代後期にまで遡りうることであろう。一一世紀末～一二世紀初め頃に成立した手紙の文例集に『東山往来《ひがしやまおうらい》』というものがあり、そのなかの例文のひとつに、「地神」の登場する「地心経《とうざん》」という経典がみえている。例文に引かれた占者の言葉によれば、怪異の原因となる「地の祟り」を祓うには、「地心経」を転読するのがよいというのである。「心」と「神」は「たましい」の意で通用するので、ここにいう「地心経」とは「地神経」のことにほかならない。つまり、江戸時代にみられる地神信仰の原型は、すでに平安時代後期に生まれていたとみることができる。いまも神社の片隅にたたずむ地神塔には、はるか古代末期に生きた人びとの、大地に対するリアルな思いが残響しているともいえるわけである。

大地的霊性

本書で扱うのは、これよりもさらに古い時代、六世紀頃から一一世紀頃にかけての古代である。この時代の人びとは、大地とどのようにかかわり、どのような大地をめぐる思惟《しい》世界を形成していたのか。またこの期間、大地との関係あいは大地をめぐる思惟は、どのように変化していったのか。こうした問題を、「国魂《くにたま》」「開発」「所有と売買」「禁忌《きんき》」「天皇」という五つの視点から、具《つぶ》さに探究していこうとするのが本書である。

仏教学者の鈴木大拙《すずきだいせつ》は、この時代を、「大地的霊性」が「冬眠状態」にあった時代と位置づけている。鈴木によれば、己のなかに己を超えるものを直覚するには、大地の絶対性・具体性に触れる必要があるが、日本人がそのような大地を介した霊性の目覚めを経験するのは、鎌倉時代になってからである。万葉集の時代はあまりに素朴な時代であり、また平安時代は大地を知らない貴族文化の時代であって、これらの時代に、大地に触発された日本的霊性の覚醒はまだみられないというのである（鈴木・一九四四）。

だが、素朴な時代は素朴な時代なりに、人びとと大地との濃密なかかわりがあったはずだし、また平安貴族が大地に根ざしていなかったとすれば、そのような状態にいたる歴史的背景もあったはずである。歴史学としては、そのような時代なりの特徴や、変化があらわれる過程・要因などを、丁寧に明らかにしていくことが重要であろう。本書では、そうした問題意識にもとづいて、鈴木とは異なる意味での「大地的霊性」の痕跡を、古代のなかに探っていきたい。個人の覚醒ではなく、古代の人びとの集合表象としての、大地をめぐる思惟のありようである。鈴木の壮大な議論に倣っていえば、その探究は、日本人の宗教的心性のひとつの根源を、丹念に掘り起こしていく作業にもなるだろう。

※参考文献は、巻末にまとめて掲げ、本文中には著者名・刊行年（初出年）のみを記した。
※本文中に挙げる研究者名は、すべて敬称を省略した。

大地と国魂

物実の土

エッセンスの宿る土

人類学者エヴァンズ＝プリチャードは、その名高い著書のなかで、南スーダンの牧畜民ヌエルに、次のような興味深い風習があったことを紹介している。生まれ故郷の土地を離れて、ほかの土地に移住することになった男は、一握りの故郷の土を携えていき、それを移住先の土といっしょに水に溶かして飲む。一口ごとに新しい土地の土を増やし、まえの土地の土を減らしながら、ゆっくりと飲むようにする。そうすることで彼は、故郷の土地との神秘的なつながりから徐々に解放され、逆に新しい土地とのあいだに同様の絆を結んでいく。これは一種の儀礼的義務であり、もし怠るようなことがあれば、罰が下って死ぬこともあるという（エヴァンズ＝プリチャード・一九九五、同・一九九七）。

ここでヌエルの男が飲む土は、それが存在していた土地そのものの表徴物として機能している。ある土地を代理的に表象し、その土地と人間とを霊的に媒介する役割をはたしている。一般に、土と土地そのものの間には、互いに接触しあう換喩的関係、あるいは前者（部分）が後者（全体）に包含される提喩的関係がある。そうした接触・包含関係にもとづいて、ある土地で採取された土には、その土地固有のエッセンスが宿っていると考えられているのだろう。

このような、土地固有のエッセンスが土に宿るという考えを、われわれは日本の中世にも見いだすことができる。一六世紀から一七世紀にかけて、「商人の巻物」と呼ばれる一群の書物があらわされ、中世商人世界の故実を伝える貴重な史料となっている（国立歴史民俗博物館・一九九八）。そのなかに「市立て《いちだ》」に関する記述があり、新たに市を立てるときには、その場所に大和の三輪明神《みわみようじん》（大神神社《おおみわ》）の土を敷くという作法がみえる（『商家古記』『坪の本地』）。中世において、わが国の市のはじまりは三輪の市にあると考えられていた。その三輪の市にまつわる神社の土を敷くことで、そこに新たな市が成立するというのである。三輪明神の土を介して、新たな市は始原の市につながり、その場所に市としての聖性が付与されるのだろう（工藤健一・二〇〇三）。中世商人の思惟において、三輪明神の土には、始原の市があった場所＝土地の特別なエッセンスが宿っていたはずである。

さらに時代をさかのぼれば、九世紀の天台僧・円仁《えんにん》が、中国から五台山《ごだいさん》の土を持ちかえったエピソードが思い起こされる。承和五年（八三八）に唐に渡った円仁は、五台山への巡礼や長安での修学をなし遂げ、同十四年に日本に帰国する。帰国時には、経論《きょうろん》・尊像など、唐から請来した物品の一覧が作られたが、そのなかに「五台山の土石」がみえている（「入唐新求聖教目録《にっとうしんぐしょうぎょうもくろく》」）。注記によれば、円仁が五台山の五つの峰々をめぐったとき、文殊菩薩《もんじゅぼさつ》にまつわる「聖地の物」として採取したものだという。中国仏教のメッカである五台山は、文殊菩薩の住まう霊地として世人の崇敬を集めていた。「願わくは見聞・随喜する者をして同じく結縁《けちえん》せしめ、みな大聖文殊師利《しり》の眷属《けんぞく》と為すなり」と注記されるように、円仁は五台山の土を介して、日本の人びとを文殊菩薩に結縁させようとしたのである。

その願いを成就させるため、円仁は比叡山に文殊楼を建立しようとする。そして、その造営開始にあたり、基壇の下に埋められたのが、ほかならぬ五台山の「清浄の土」であった（『日本三代実録』貞観十八年〈八七六〉六月十五日庚申条）。この特別な土の埋納によって、文殊楼は五台山に通じる空間となり、そこに文殊菩薩が示現《じげん》することになるのだろう。ここでも五台山の土は、文殊菩薩の霊地という、その土地固有のエッセンスを宿したものとして働いている。

こうした〈エッセンスの宿る土〉の一種として、古代の日本には〈クニの物実《ものしろ》の土〉という概念があった。「物実」とは、物の代（シロ）で、ある存在の代わりをなすものを意味する。また、ここでの「クニ」（国）とは、列島各地の有力首長が治めていた、伝統的な支配領域をさす。つまり、それぞれの支配領域のエッセンスを宿し、その領域本体の代わりとなるのが〈クニの物実の土〉である。この概念には、クニに生きる古代の人びとが共有していた、大地に関するきわめて重要な思想が含まれている。以下、〈クニの物実の土〉を手がかりに、大地をめぐる古代人の思惟に分け入っていきたい。

香久山の土

奈良盆地の東南部に、畝傍山《うねびやま》・耳成山《みみなしやま》・香具山《かぐやま》のいわゆる大和三山がある。『万葉集』の歌に詠まれるなど、古くから人びとに親しまれた聖山であるが、なかでも香具山は天から降ってきた山といわれ、著しく神聖視された。この聖なる香具山の土こそ、大和における〈クニの物実の土〉にほかならない。そのことを端的に示すものとして、『日本書紀』崇神《すじん》天皇の段に、次のような伝承がみえている（同天皇十年九月壬子条）。

崇神天皇のもとに、ひとりの少女が口にしたという、謎めいた歌が報告された。その歌を解釈してみせたのは、未来を知る能力のある倭迹迹日百襲姫命《やまとととひももそひめのみこと》であった。彼女によれば、この歌は、天皇の叔父である武埴安彦《たけはにやすひこ》が謀反を起こす兆しに違いない。それを裏づけるのは、彼の妻である吾田媛《あたひめ》が、ひそかに香具山を訪れたという伝聞である。それによ

図3　香具山遠景

ると、吾田媛は、香具山の土を取って領巾《ひれ》（女性が肩にかける細長い薄布）の端に包み、「これ、倭国《やまとのくに》の物実」と呪言を唱えたらしい。つまり、天皇に反逆して、王権の本拠である大和のクニを支配しようとする夫のために、その妻が、クニの物実である香具山の土を使い、特別な呪術をおこなったとする伝承である。

ここにあらわれているのは、物実＝代わりとしての土に働きかけることで、クニ自体に影響を及ぼすことができる、という考えである。これは、媒体を通じて本体に作用しようとする、感染呪術的な思考といってよい。しかも、ここでの物実の土への働きかけは、クニの支配者としての地位を獲得するためにおこなわれている。要するに、物実の土はクニの支配権と結びついた呪物であり、それを掌握すれば、現実にクニの支配者になれるという観念が存在したのである。物実の土を手にいれ、特定の呪術を施した人物は、そのクニを正当な支配者として統治することができる。大和のクニの場合、そうした土として機能するのは、聖なる山とされていた香具山の土だったのである。

　大和のクニを支配するために、香具山の土を利用するという話は、いわゆる神武東征《じんむとうせい》説話にもみえている（『日本書紀』神武天皇即位前紀戊午年九月条・己未年二月条）。東方に都を置こうと、軍勢を率いて南九州の日向《ひゅうが》を出発した神武天皇（神日本磐余彦尊《かむやまといわれひこのみこと》）は、瀬戸内海を東に進み、紀伊半島を経由して大和に入る。ところが、磯城《しき》・磐余という要地をまえに、先住勢力の抵抗によって進軍を阻まれる。そこで彼は、夢の力をかりて、今後の戦略を決めようとする。夢のなかで神が告げたのは、香具山の土で特別な土器をつくり、それを使って神祭と呪詛《じゅそ》をすれば、敵はおのずと帰服するだろう、という教えだった。これを吉兆ととらえた神武は、椎根津彦《しいねつひこ》と弟猾《おとうかし》の二人に命じて、香具山の頂の土をひそかに採取させる。その土で実際に土器をつくり、神武みずから神祭と呪詛をおこなうと、軍勢は敵の掃討にたて続けに成功し、ついに大和の平定・支配が実現したという話である。

　この話でも、香具山の土は、大和のクニの支配権と結びついた呪物として機能している。崇神紀の伝承ほど明白ではないが、やはり香具山の土はクニの物実であり、その物実としての呪力を利用することで、大和の支配者となることが可能になっていると解釈できる。クニの支配を可能にするような根本的な呪物である以上、物実の土のなかに、クニの本質にかかわる重要な要素が宿っていると考えられていたことは確かであろう。

大地に内在する国魂

物実の土に宿っているクニの本質的要素＝エッセンスとは何なのか。それはクニの生命力としての「国魂《くにたま》」である。

生命力としての国魂

国魂とは、言葉のとおり、クニ（国）のタマ（魂）をさす。「タマ」は霊魂を意味する代表的な日本語で、「魂」のほか「玉」「霊」とも表記される。日本文学者の土橋寛《つちはしゆたか》によれば、古代の日本において、「タマ」の語があらわす霊魂観念には二つのものがあった。ひとつは、身体から独立し、人間が亡くなっても存在する〝自由霊〟で、これはアニミズム的な霊魂観念（霊魂を実体としてとらえる）を示している。もうひとつは、身体と結合し、人間が亡くなると消滅する〝内在霊〟で、これはプレアニミズム的な霊魂観念（霊魂を力や作用としてとらえる）を示している。後者は人類学などでいう「マナ」にあたり、「生命力」「霊力」などと表現するのがふさわしい。タマは自然物や人工物にも存在するが、それは人間の〃内在霊〃と同質のものであり、倉稲魂《うかのみたま》（稲の霊魂）や国魂などのタマも、やはり〃内在霊〃としての霊魂をあらわしている（土橋・一九六二、同・一九九〇）。この明晰な説明にしたがえば、国魂とは要するに、そのクニをクニとして成り立たせている根源的な生命力のことなのである。

この生命力としての国魂を神格化したものが、国魂神（国玉神・国霊神）である。クニの支配者たちは、この神を祭るために、クニの領域内に国魂神社を設けていた。その痕跡は、一〇世紀前半に全国の官社（国家の幣帛《へいはく》を受ける神社）を一覧にした、いわゆる延喜《えんぎ》式神名帳《しきじんみょうちょう》（『延喜式』巻九神名上・巻十神名下）にうかがえる。同神名帳には、「国魂」「国玉」「国霊」の語をふくむ神社が二〇社ほどみえていて、国魂神社の存在がたしかに知られるのである（表）。一見少ないようだが、その広範な分布をみると、かつては列島各地のクニで、一般的に国魂神を祭っていたと推測してよいだろう。

生命力としての国魂は、クニの大地（国土）に内在するというのが、多くの学者に共有されている認識である。たとえば、神話学者の松村武雄は、「古き代の我が国人は、それぞれの国土に霊魂若しくは精霊が内在すると観じ且つ信じて」おり、国魂神は「みなそうした国土の霊魂若しくは精霊をば神として斎《いっ》き祀ったものに他ならぬ」と明快に述べてい

表　延喜式神名帳にみえる国魂神社

国　名	郡　名	神　社　名（祭神名）
山城国	久世郡	水主坐山背大国魂命神
大和国	山辺郡	大和坐大国魂神社
和泉国	日根郡	国玉神社
摂津国	東生郡	難破坐生国咲国魂神社
〃	兎原郡	河内国魂神社
伊勢国	度会郡	大国玉比売神社　　度会乃大国玉比売神社
〃	多気郡	大国玉神社
尾張国	海部郡	国玉神社
〃	中島郡	尾張大国霊神社
遠江国	磐田郡	淡海国玉神社
伊豆国	那賀郡	国玉命神社　　国玉命神社
常陸国	真壁郡	大国玉神社
陸奥国	磐城郡	大国魂神社
能登国	能登郡	能登生国玉比古神社
淡路国	三原郡	大和大国魂神社
阿波国	美馬郡	倭大国玉神大国敷神社
壱伎島	石田郡	大国玉神社
対馬島	上県郡	島大国魂神社　　島大国魂神御子神社

る（松村・一九五五）。また、神道史学者の宮地直一《みやじなおかず》も、国魂神は「国土の神霊」であり、それに対する崇敬は、人びとが「生存の最大要件たる此の大地に霊格を認識し」たことに由来すると指摘している（宮地・一九二五）。『日本書紀』には、大和のクニの国魂神＝倭大国魂神が「親《みずか》ら大地官《おおつちつかさ》を治《し》ら」すという記事があり（垂仁天皇二十五年三月丙申条）、国魂が大地とかかわる存在であったことは間違いない。

では、大地に内在する国魂は、具体的にどのような働きをするのだろうか。これについては、「国土として立派に、生物が成育する力を持っているのは、国魂があるからだ」という折口信夫の言葉に尽きるであろう（折口・一九五四）。大地のうちにあって、作物を豊かに実らせ、クニに大きな繁栄をもたらすのが、生命力としての国魂なのである。この意味では、国魂とは大地の生産力そのものであるといってもよい。

そもそもクニという概念は、自然物としての大地が、そのうえに展開する人間の営みと結びつき、一個の政治的・社会的領域として意識されたものにほかならない（鎌田元一・一九八八）。日本文学者の三谷栄一が、クニとは「百姓の開墾し耕作する土地」であると述べているように（三谷・一九六〇）、クニの実体としてイメージされるのは、何よりもまず、人びとの生産活動と結びついた大地であっただろう。この点からしても、クニの生命力＝国魂が大地に内在し、作物を育てる生産力になっていたというのは理解しやすい。

国魂の結晶

さて、香具山の土が「国魂のこもる土」であったことは、すでに指摘がある（櫻井満・一九八七）。この指摘は、前段に述べた内容を踏まえたうえで、一般化して差し支えないだろう。つまり、〈クニの物実の土〉に宿っていたのは、クニの根源的な生命力としての国魂であったと考えられる。国魂＝生命力はクニの大地に遍在し、あらゆる土地の豊饒のもとになると同時に、大地の一部をなす特別な土に凝縮され、その土の呪力の源泉にもなっていたと理解できる。物実の土とは、まさにそのような意味での〈国魂の結晶〉であった。

古代神祇研究の泰斗であった岡田精司《せいし》は、物実の土とは「国魂の象徴」であると端的に述べている。そして、物実の土とされたのは、「国魂神社の神域」の土ではなかったかと推測している（岡田・一九六二）。たしかに国魂神が祭られている場所の土に、国魂が凝縮されているというのは説得的で、岡田説は基本的に支持してよいだろう。ただし、大和のクニの場合、国魂神を祭った大和坐大国魂神社《やまとにいますおおくにたまじんじゃ》は、香具山から離れた場所にあるので、国魂神社の神域とは別に物実の土が存在したことになる。国魂神社のほかに特別な聖地があるクニでは、その聖地の土が物実の役割をはたすこともあったのだろう。国魂神社をはじめとして、クニごとに聖なる場所が指定され、そこに国魂の結晶である物実の土が確保されていたとみられる。

先にみたように、物実の土はクニの支配権と結びついた呪物であり、それを掌握すれば、クニの支配者になれるという観念があった。いまや、この観念を理解することは難しくない。物実の土を掌握すれば、国魂＝クニの根源的な生命力を掌握したことになり、その生命力に賦活《ふかつ》されているクニ全体を支配することが可能になるわけである。そして、国魂＝クニの生命力は大地に内在しているから、物実の土による国魂の掌握は、そのままクニの大地の支配をも意味するのである。大地を基盤とするクニの支配にとって、国魂のもつ宗教的意義はきわめて大きかった。

国造と大地の支配

国主・国造・郡司

国魂＝クニの生命力を掌握した者が、クニとその大地の支配者となる。逆にいえば、クニとその大地の支配者であるためには、国魂＝クニの生命力を掌握していなければならない。この点をさらに深く掘りさげていきたいが、そのまえに、クニの支配者とは具体的に何者であるかを確認しておく必要があるだろう。

クニの支配者は、時代とともに性格を変えていく。もっとも古い時代には、「国主《くにぬし》」と呼ばれるような存在であった。『播磨国風土記《はりまのくにふどき》』揖保《いいぼ》郡粒丘《いいぼおか》の条には、外からこの地にやってきた天日槍命《あめのひぼこのみこと》が、「国主」である葦原志挙乎命《あしはらのしこおのみこと》に宿所をもとめる話がある。クニヌシという呼称が確かにあり、外部に対して、そのクニを代表すべき地位をあらわしていたことがわかる。まさにクニの支配者にあたるが、重要なのは「ヌシ」（主）の語で、この支配者が一個の政治主体として、他の権力から独立していたことを物語っている（鎌田元一・一九八八）。五世紀までのクニの支配者は、大和王権に服しながらも、このような自律的「クニヌシ」として、強大な権力を誇っていたと考えられる。

六世紀になると、大和王権の圧倒的優位が固まり、各地のクニヌシは王権への従属を深めていく。この段階で、クニは王権の統制を受ける地方組織となり、その支配者には「国造《くにのみやつこ》」という称号が与えられるようになる。「ミヤツコ」は「御奴」の意で、王権に対する奉仕者の立場をあらわしている。つまり、自律的な存在であった「国主」は、他律的な存在である「国造」に変貌したわけである。ただし、国造はさまざまな面で、クニヌシ以来の権限を維持しており、王権に従属しながら、なお強力な支配者であったことが重要である。

その後、七世紀半ばのいわゆる大化改新の時期に、クニは再編されて「評《こおり》《ひょう》」という名称の地方行政単位となる。それにともなって国造は、「評造《こおりのみやつこ》」と呼ばれる評の官人に任命されることになった。やがて評のうえに「国」（令制国）という単位が設けられ、その管轄者として、中央から「国司《こくし》」が派遣されるようになる。こうしてかつてのクニの支配者は、中央貴族に直接指揮される、下位の地方官に変容するのである。

八世紀になって、「評」が「郡《ぐん》」に改変されると、「評造」も「郡司《ぐんじ》」と名称をかえ、国司の監督をさらに強く受けるようになる。国造の末裔が優先的に任命された郡司には、まだ伝統的な地域首長としての権威がのこっており、この時代の律令国家は、その権威を地方支配のために大いに利用した。だが、中央からの派遣官に常時監督されている点で、郡司には国造との決定的な違いがあった。

大きくまとめると、クニの支配者は、「国主」→「国造」→「郡司」と移り変わるにつれて、自律的な権力者としての性格を弱め、逆に王権・国家に奉仕する地方官としての性格を強めていく、ということになろう。しかし同時に、地域をたばねる首長という本質は、国主から郡司まで一貫していたことも忘れてはならない。その意味で、クニの支配者をめぐる推移には、変化と持続の両面があったのである。

国造と物実の土

以上の整理をふまえ、主に国主・国造を対象としながら、クニの支配者と国魂とのかかわりを詳しくみていこう。まず取りあげたいのは、国造と物実の土との関係であるが、ここでも貴重な材料となるのは、神武紀・崇神紀に描かれた香具山の土である。

六世紀から七世紀にかけて、大和（倭）のクニの支配は、倭国造に委ねられていた。王権の本拠地であったクニにも、地域支配をまかされた国造がいたことになる。大和といえば、奈良盆地全体をイメージしやすいが、この当時、盆地の西南部には葛城国造《かずらきのくにのみやつこ》のクニがあり、倭国造が支配する大和のクニは、のちの磯城郡・十市《とおち》郡を中心とする、盆地の東南部のみを指していた（直木孝次郎・一九七五）。香具山が位置するのは十市郡のエリアで、倭国造の支配領域に含まれる。香具山の土がもともと物実として表象していたのは、この狭い範囲の大和のクニであったと考えられる（岸俊男・一九七一）。

注目されるのは、神武東征説話のなかで香具山の土を取りにいった椎根津彦が、倭国造を世襲した倭直《やまとのあたい》氏の始祖とされていることである（『日本書紀』神武天皇即位前紀甲寅年十月条など）。これは、倭国造が香具山の土に精通し、その呪術にふかく関与していたことを示唆する。説話では、神武天皇が呪術の主体となり、椎根津彦はそれを助ける役回りにすぎないが、これが王権の本拠地である大和の特殊事情を反映しているとすれば、一般のクニでは、国造こそが物実の土の呪術を主宰していたと考えてよいだろう。

さらに注意されるのは、椎根津彦が破れた衣服と蓑・笠を身につけ、わざわざ老翁の格好をして、香具山の土を取りにいったことである。折口信夫によれば、蓑・笠の着用は、人格をはなれて神格にはいる手段であり（折口・一九二九）、また民俗学者の小松和彦によれば、日常世界を儀礼的に離脱していることの印である（小松・一九七二、同・一九八三）。つまり、香具山に向かった椎根津彦は、非日常世界を生きる神的存在に変身していたと解釈できる。日本文学者の守屋俊彦がいうように、香具山の土は聖なるものであるから、それと接する人間も聖なる状態になければならない、ということなのだろう（守屋・一九九〇）。

以上から考えると、国造はみずから聖なる存在となって、物実の土の呪術をおこなっていたと推測される。この呪術は、国魂を掌握することによって、クニの支配権を得るためのものだから、まずは新たに国造に任命されたときに、その就任儀礼の一環として執りおこなわれるのであろう。前任者の地位を引き継ぐという意味では、国造の継承儀礼の一環といってもよい。おそらく新任の国造は、厳重に斎戒して聖なる状態に入り、国魂神社の神域など、特別な場所にある物実の土を使って、所定の呪術をおこなった。それによって、国魂＝クニの生命力を掌握し、クニの支配者としての資格を獲得したと考えられる。さらに、国魂は実質的に大地の生産力であるから、この呪術によって、国造はその生産力を掌握し、クニの大地の支配者ともなるのである。

呪術の方法

物実の土の呪術は、具体的にどのような方法でおこなわれたのだろうか。

まず、神武天皇の話では、香具山の土で土器（天平瓮《あまのひらか》・天手抉《あまのたくじり》・厳瓮《いつへ》）をつくり、それを用いて天神地祇を祭っている。『肥前国風土記《ひぜんのくに》』佐嘉《さか》郡の条には、荒ぶる神が往来を妨げていたので、下田村の土で人形・馬形をつくり、それを用いて祭祀をおこなったところ、神を和ませることができた、という伝承がみえる。特別な土で作った祭器には、ふつうの器物にはない呪力があり、神への働きかけに大きな効果が期待できると考えられていたのだろう。

『住吉大社神代記《すみよしたいしやじんだいき》』には、摂津に鎮座する住吉大神の詔にもとづいて、香具山の埴土《はにつち》で天平瓮をつくり、大神を斎《いつ》き祀ったという記述がある。九～一〇世紀頃に最終的にまとめられた書物らしいので、神武紀をアレンジした記述であろうが、これに関連した神事が、現代の住吉大社でもおこなわれていることは興味ぶかい。祈年祭《きねんさい》・新嘗祭《にいなめさい》で用いる土器を作るために、使いを派遣して畝傍山の埴土を採取してくる「埴使《はにつかい》」の神事で、中世にはおこなわれていた形跡があるという（真弓常忠・一九七一）。香具山ではなく畝傍山の土であることも含め、国造の時代に直接結びつけることは難しいが、神武紀に語られた土器づくりを彷彿とさせるものではある。

いっぽう、崇神紀にみえる吾田媛の話では、香具山の土そのものを領巾に包み、特別な呪術を施している。『古事記』上巻で、試練に苦しむ大穴牟遅神《おおあなむちのかみ》が、妻の須勢理毘売命《すせりびめのみこと》からもらった領巾を振り、ヘビやムカデを追い払っているように、領巾（比礼）は単なる女性の装身具ではなく、ひらひらと揺らすことでマジカルな効果を発揮する呪具でもあった（土橋寛・一九六五）。吾田媛の呪術においても、領巾は呪具として使われているとみてよい。国造が物実の土の呪術をおこなう際にも、何らかの呪具を使用した可能性があるだろう。

これら神武紀・崇神紀の話によるかぎり、物実の土の呪術には、土器にして間接的に呪力を利用する方法と、土のまま直接的に呪力を利用する方法があったようである。そして後者の場合、何らかの呪具を介して土を扱うこともあったのだろう。さらに二つの話をみてみると、神武紀では神聖な呪詛（「厳呪詛《いつのかしり》」）をおこない、崇神紀では「これ、倭国の物実」という呪言を唱えていることが注目される。すなわち、二つのケースの共通点として、土の呪力を引き出すために唱え言をする、という特徴が認められるのである。おそらく、国造による物実の土の呪術でも、国造はクニの支配を根拠づけるような、何らかの唱え言を口にしたのであろう。

国魂神と大地の豊饒

つぎに、国造と国魂神との関係をみてみよう。さきに述べたように、クニの生命力としての国魂を神格化したものが国魂神であり、それぞれのクニの国魂神社に、この神が祭られていたと考えられる。たとえば、大和のクニの国魂神は「倭大国魂神」と呼ばれ、大和坐大国魂神社に祭られていた。『日本書紀』には、この大和の国魂神について、次のような話が載せられている。

崇神天皇の時代に、疫病がはやり、百姓が多く亡くなったりしたので、天照大神と倭大国魂神を、それぞれ豊鍬入姫命《とよすきいりびめのみこと》と渟名城入姫命《ぬなきのいりびめのみこと》に託し、祭らせることにした。ところが、渟名城入姫命は、髪がぬけ落ち、体がやせ細って、倭大国魂神を祭ることができなかった。そこで改めて神意を問うたところ、夢のお告げがあり、大物主大神《おおものぬしのおおかみ》を大田田根子命《おおたたねこのみこと》、倭大国魂神を市磯長尾市《いちしのながおち》に祭らせれば、天下は太平になるだろうとの教えを得た。これにもとづいて、まず二人にそれぞれの神を祭らせ、そのうえで八百万の神々を祭ると、疫病はようやく収まり、五穀も実って、百姓は豊かになったという説話である（崇神天皇五年条～七年十一月己卯条）。

ここで倭大国魂神の祭祀をまかされた市磯長尾市は、『日本書紀』のほかの記事に、倭直氏の祖先としてあらわれている（垂仁天皇三年三月条・同七年七月条）。倭直氏は、さきにも触れたように、倭国造をつとめた氏族であるから、この説話に反映されているのは、倭国造が大和のクニの国魂神＝倭大国魂神の祭祀をつかさどっていたという事実であろう。さらに、祭祀の効果として、「五穀既に成りて、百姓饒《にぎわ》いぬ」とあるから、国魂神の祭祀に期待されたのは、穀物の豊作を中心とするクニの繁栄にほかならなかったであろう。

この大和の例と同じように、各地の国造はそれぞれ国魂神の祭祀を執りおこない、クニの五穀豊穣を祈願していたと考えられる。祭司として国魂神をまつり、作物の実りを祈ることが、国造のきわめて重要な役割であったことは、おそらく疑う必要がない。国魂神の祭祀は、クニの生命力であり、大地の生産力でもある国魂そのものを、活性化させる働きを担っていたのだろう。そうした祭祀によって、大地を豊饒化し、クニを繁栄させることが、クニ／大地の支配者としての国造の任務だったのである。物実の土の呪術が、国造にクニ／大地の支配権を与えるものだったとすれば、国魂神の祭祀は、その支配権に付随する、国造のもっとも重要な宗教的責務のひとつであったといえよう。

オオクニヌシと大地

オオクニヌシにみる「国主」像

国造以前のクニの支配者である「国主」（クニヌシ）については、国魂・大地との関係を探ることができるだろうか。手がかりはきわめて少ないが、いわゆる出雲神話の主役であるオオクニヌシ（大国主神）を分析することで、この問題に接近することは可能である。まずは、出雲神話の大筋を確認しておこう。

オオクニヌシは、高天原《たかまのはら》から地上に追放されたスサノオ（須佐之男命）の子孫で、スクナビコナ（少名毘古那神）の協力のもと、地上の「国作り」を進める。その結果できあがったのが、葦原中国《あしはらのなかつくに》である。高天原のアマテラス（天照大御神）は、この国をみずからの子孫に統治させようと、オオクニヌシのもとに使いを派遣する。度重なる遣使のすえ、オオクニヌシはついに「国譲り」を承諾し、みずからが住む宮殿の造営とひきかえに、葦原中国を譲り渡す。この「国作り」と「国譲り」が、記紀にみえる出雲神話の眼目であり、これを受けて、いわゆる天孫降臨《てんそんこうりん》（アマテラスの孫であるニニギが、葦原中国の支配者として天降ること）が描かれる。

この神話は、列島各地のクニが大和王権に服属していく過程を、「国譲り」というかたちで象徴的に語ったものとされる。とすれば、その前提となる「国作り」にも、各地のクニの成り立ちが、象徴的なかたちで表現されているとみてよいだろう。ここで「国作り」の担い手として活躍するのが、オオクニヌシである。この神名は、オオ・クニヌシと区切るのが正しく、「偉大なる国主」を意味している（松村武雄・一九五五）。つまり、各地のクニに実在した「国主」のすがたを、ひとつの神格に昇華させたと考えられるのが、オオクニヌシという神なのである。とすれば、この神の性格と行為をみることで、国主によるクニ支配の特徴にも迫ることができるだろう。

糸口となるのは、オオクニヌシがさまざまな別名をもっている点である。『日本書紀』神代上・第八段・一書第六には、六つの別名があらわれ、そのうち四つは『古事記』上巻にもみえている。すべてを列挙すると、①「大物主神」、②「国作大己貴命」（大穴牟遅神）、③「葦原醜男《あしはらのしこお》」（葦原色許男神）、④「八千戈神《やちほこのかみ》」（八千矛神）、⑤「大国玉神」、⑥

「顕国玉神」（宇都志国玉神）となる。これらの神名は元来、別々の神格に与えられていて、それが「国作り」の主題のもとに、オオクニヌシという一神格に統合されたと考えられている。逆にいえば、「国作り」をする神は、これらの別名がしめす諸々の性格を、すべて兼ね備えていなければならない、ということになろう。「国作り」をするオオクニヌシが、現実の国主から生まれた神格だとすれば、このオオクニヌシの諸性格は、現実の国主の諸特徴をもあらわしているはずである。

国主のクニ作り

本書の関心から注目されるのは、「国作大己貴命」および「大国玉神」「顕国玉神」という神名である。まず、「国作大己貴命」であるが、神名の核となる部分は「オオアナムチ」もしくは「オオナムチ」と訓まれ、オオ・アナ（ナ）・ムチに区切られる。オオは「偉大な」、ムチは「貴人」の意とされていて、あまり問題はない。難解なのは「アナ」あるいは「ナ」の語義で、いくつかの見方があるが、有力なものとして、「ナ」を「土」「地」の意味とし（地震の古語「ナイ」の「ナ」と同じ）、土地とのかかわりで理解しようとする説がある（西郷信綱・一九七二など）。すなわち、オオナムチを本来の訓みとし、「偉大なる土地の貴人」と解釈するものである。

これに対し、古代史学者の石母田正《いしもだしょう》は、オオアナムチが本来の訓みで、アナは「穴」＝洞穴の意であるとするが、なぜ「穴」なのかについては、この神は「もっとも根源的な形で、大地と結びついている神格」であり、「地霊の神格化した神の住処として洞穴はふさわしい場所」であろうと述べている（石母田・一九五九）。つまり、「アナ」「ナ」の語義の解釈こそ異なるが、この神名を土地＝大地とのかかわりで理解しようとする点では、さきの有力説と同じ立場にたっている。たしかにオオアナムチには、山をつくったり（『万葉集』巻七・一二四七番歌）、島をつくったり（『続日本紀』宝亀九年〈七七八〉十二月甲中条）といった、大地の創造にまつわる話が多い。神話学者の松前健《たけし》が端的に表現しているように、オオアナムチには「大地神」としての属性があるのだろう（松前・一九七〇）。

「国作大己貴命」とあるとおり、このオオアナムチは「国作り」をする神格である。『古事記』の筋立てでは、イザナキ・イザナミが最終的には固めきれなかった「ただよ（漂）える国」を、オオアナムチが最終的に「作り堅め」ており、まさに「大地神」として堅固な大地を創造することが、「国作り」の主要な内容となっている。しかし、風土記におけるオオアナムチの描写をみると、この神の「国作り」には、さらに派生的な要素があったことがわかる。

まず、『出雲国風土記』意宇《おう》郡出雲神戸の条には、「五百津《いおつ》鉏々《すきすき》なお取り取らして、天の下造らしし大穴持の命」とあり、大穴持（＝オオアナムチ）は、多くの「鉏」＝鋤を手にとって、「天の下」＝国を作った神とされている。この神による「国作り」には、農具によって大地を耕すという、重要な一面があったことになる。さらに、この点と密接にかかわるのが、『播磨国風土記』にみえる稲作関連の伝承である。同風土記には、大汝命（＝オオナムチ）が、山に稲種を積ませた話（揖保郡稲種山の条）や、村で稲を舂《つ》かせた話（賀《か》毛《も》郡糠岡《ぬかおか》の条）など、稲作にまつわる同神の伝承が少なくない。これは農具をあつかう神にふさわしい特徴であろう。「国作り」の神は、大地を耕し、稲を育てる「農業神」でなければならなかったのである。

　このように、オオクニヌシの一面としてのオオアナムチには、「大地神」と「農業神」という二つの属性があった。後者は前者から派生したとみられ、二つの属性があいまって「国作り」の神という本質を構成していた。オオクニヌシにこうした性格があり、同神が現実の国主のすがたを踏まえているとすれば、もともと現実の国主にも同様の性格があったと推測してよいだろう。つまり、クニの支配者である国主は、何よりもまず大地の支配者であり、その重要な役割は、人びとを率いて大地を耕し、農業を営むことによって、クニを豊かに作りあげることにあったのである。

国魂の化身

　もうひとつ、オオクニヌシの別名で注目されるのは、「大国玉《おおくにたま》神」「顕国《うつしくに》玉《たま》神」である。大国玉神は「偉大なる国魂神」、顕国玉神は「現実世界の国魂神」の意で、どちらも、オオクニヌシに国魂神としての性格があることを示している。

ここから、現実の国主にも、国魂との強い結びつきがあったことが推測できる。日本文学者の西郷信綱は、オオクニヌシのこの別名について、「国々には国魂があり国の首長はその国魂の化身であったのによる」と明快に指摘している（西郷・一九六七）。また松前健も、顕国玉神とは、国魂を身体に憑依させた現身《うつしみ》の人間、すなわち国魂の化身（インカーネーション＝受肉）としての王をあらわす名前であろうと述べている（松前・一九七〇）。クニの首長である国主は、まさに国魂の権化であり、クニの生命力＝大地の生産力を体現する特殊な神的人格だったのであろう。

当然そうした人格を得るためには、何らかの手続きによって、国魂と一体化することが必要であったと思われる。その手段となりうるのは、やはり物実の土の呪術であろう。物実の土を介して国魂を掌握する行為には、おそらく国魂との一体化という意味があり、国主が国魂の化身となるために、物実の土の呪術をおこなっていた可能性は捨てがたい。逆に、この可能性が認められるとすれば、物実の土の呪術をおこなっていたと推測される国造は、その呪術によって、国魂の化身になっていたと考えることができるだろう。国造は、国魂神をまつる祭司であると同時に、国魂そのものの顕現でもあるという、宗教的な二重性を生きる存在であったとみられる。そして、この二重性は国造の段階に止まらず、国主の段階にもさかのぼりうるものと考えられる。

思うに、物実の土による国魂の掌握とは、支配者みずからが国魂と同化し、生身の国魂になることにほかならなかった。クニ／大地の支配者となるためには、そのような形をとって、文字どおりクニの生命力＝大地の生産力の体現者となることが必要だったのである。

「見る」「狩る」「食べる」

国主・国造といったクニの支配者は、物実の土を介して国魂を掌握し、国魂と一体化することで、クニ／大地の支配権を獲得していたであろうことをみてきた。物実の土の呪術は、国主・国造への就任時におこなわれたとみられるが、そうして獲得されたクニ／大地の支配権は、国主・国造がその地位にある間、折にふれて再確認される必要があった。その方法としては、物実の土の呪術をくりかえした可能性もあるが、史料的な手がかりはなく、もはや推測の範囲をこえている。これに対して、従来の研究で指摘されてきたのは、「見る」「狩る」「食べる」といった具体的行為によって、クニ／大地の支配権を確認する方法である。以下、そのような支配権の確認行為をみていこう。

支配権の確認行為

国見の意義

まず、「見る」ことによってクニ／大地の支配権を確認するのが、「国見《くにみ》」である。国見とは、支配者が見晴らしのよい山に登り、クニの大地（国土）を広く見わたす行為をさす。もともとは、その年の豊作を前もって祝福する、春先の農耕行事（予祝《よしゅく》行事）であったが、しだいに政治化し、支配権の確認儀礼としての意味が強まった。高所から国土を一望におさめる行為は、それだけでクニ／大地の支配を象徴的に表現することになるが、国見研究を代表する土橋寛の仕事（土橋・一九六二、同・一九六五）によると、もう少し深い意味を考えてみる必要がありそうである。

土橋によれば、国見儀礼のポイントは、国土にあらわれた特定の自然物を「見る」ことにあった。その自然物には、花・青葉などが含まれるが、とくに重要だったのは、ゆらゆらと立ちのぼる雲・煙・陽炎のたぐいである。これらは、大地に内在する生命力＝国魂の活動する姿と考えられていたらしく、それを「見る」ことで、人間のタマ＝生命力も強化されるのだという。いわゆる「タマフリ」の効果である。この土橋の指摘にしたがえば、国見をおこなうクニの支配者は、国土の自然物を「見る」ことによって、国魂にあらためて触発され、国魂の化身としての生命力を回復する、ということになるだろう。国見による支配権の確認には、このような国魂からの刺激による、支配者自身の霊的再生ということも含まれていたとみられる。

こうした「見る」行為にくわえて、国見儀礼にはもうひとつの重要な要素があった。見られた自然物を言葉によって「讃《ほ》める」行為、すなわち「国讃《くにぼ》め」である。『万葉集』に国見歌と呼ばれる歌があるように、典型的には、当該の自然物を詠みこんだ歌がつくられる。土橋によれば、本来は呪詞的な性格の歌であったとみられ、旺盛な自然＝国土の働きを讃めたたえることで、国魂＝大地の生産力を助長する意味をもっていたらしい。この「国讃め」にも、支配権の確認という役割が認められるが、大地に内在する国魂の助長という点からすると、国土の豊饒、作物の豊稔をもたらす意味が大きかったと考えられる。これは、豊作を予祝する農耕行事という、国見本来の意義にもかなうものといえよう。

このように国見儀礼は、国土を「見る」行為と「讃める」行為からなっていた。それは、国土を一望におさめ、その生産力を讃えることで、クニ／大地の支配者であることを確認する儀礼であったが、さらに国魂のはたらきを介して、支配者の生命力を賦活したり、大地の豊饒＝クニの繁栄を招き寄せたりする役割をも担っていたと考えられる。

狩猟の意義

クニの支配者が狩猟をおこなうことにも、大地の支配権を確認する意味があった。これは、大地に生きる動物を「狩る」ことと、その獲物を「食べる」ことからなる儀礼である。この点については、古代史学者の石上英一が重要な研究をしている（石上・一九八二、同・一九八八）。

石上が注目したのは、日本律の条文と唐律の条文にみられる内容の違いである。律とは、いうまでもなく律令国家の刑法典であり、その条文には、どのような行為が罪になるかが詳しく規定されている。日本の律は、中国の唐律を手本としてつくられ、多くは唐律の内容をそのまま踏襲しているが、一部、日本独自の事情にあわせて、唐律の内容を改変しているところがある。石上が注目したのも、そのようなケースである。

まずひとつは、擅興律《せんこうりつ》の擅発兵条である。擅興律は、律のなかのひとつの編目で、軍事動員にかかわる罰則規定が集められている。そのなかの一条である擅発兵条は、大勢の軍兵を勝手に徴発したときの処罰を定めた条文である。唐律のこの条文では、処罰の対象にならない例外として、盗賊の追捕《ついぶ》のために人夫を徴発する場合を挙げるのみであったが、日本律の条文では、「公私の田猟《でんりよう》」をおこなう場合を新たにつけ加えている。「田猟」とは狩猟のことであり（「田」は狩りの意味）、集団による狩猟行為が違法な軍事行動とみなされて制約されないように、処罰対象から除外したものである。日本には、クニの支配者が人びとを動員して盛んに狩猟をおこなってきた伝統があり、律令国家のもとでも、郡司などがそうした狩猟行為をすることを認めざるをえなかった、ということらしい。

もうひとつは、職制律《しきせいりつ》の監臨官強取猪鹿条である。職制律は、官人の職務にかかわる編目で、そのなかの監臨官強取猪鹿条は、監督権限のある官人が、みずからの管轄地域で動物などの食べ物を私的に受領したときの処罰規定である。唐律のこの条文では、猪や羊を受けとることが無条件で罪に問われたが、日本律の条文では、猪や鹿を受けとっても、強制的に提供させたのでなければ罪にならない。日本では、郡司などの地方官が、地域の人びとから自発的に猪・鹿を提供されることは、まったく問題のない行為として許されていたのである。この背景にも、クニの支配者が人びとを率いて狩猟をおこない、獲物である猪・鹿を食べ物として供献されていた伝統があると考えられる。国造などが狩りの獲物を儀礼的に食べていた古い習慣があり、それを律令でも追認せざるをえなかったとみられるのである。

こうした点に石上は、古代日本における狩猟の意義の大きさを見いだした。荒野のことを「猪鹿《ちょろく》の栖《すみか》」などと表現するように、猪・鹿は「大地を象徴する生き物」である。そのような生き物を狩り、首長自身がそれを食べることは、「大地に対する首長の領有権を共同体全体が確認する儀礼」にほかならなかった。こうした石上の指摘のとおり、「狩る」ことと「食べる」ことが一体となって、大地の支配権を確認する機能をはたしていたことは間違いないだろう。さらに、稲の生長をうながす地霊の権化として、鹿が神聖視されていたという指摘（岡田精司・一九八八、平林章仁・一九九二）をふまえると、鹿には大地の生産力＝国魂が宿っていたとみることもでき、クニの支配者がそうした動物を狩り獲って食べるのは、国魂をみずからの身体に摂取するためであったと考えられるかもしれない。とすれば、ここでも大地の支配権の確認は、国魂のはたらきと密接に結びついていることになる。

「国占め」と食事

狩猟の獲物だけでなく、農作物を「食べる」ことにも、大地の支配権を確認する意味があったらしい。その痕跡は、「国占め」とのかかわりで史料にあらわれる。「国占め」とは、風土記の伝承にみられる概念で、ある領域をみずからのクニとして占有することをさす。

さきにも触れたが、『播磨国風土記』揖保郡粒丘の条には、外からやってきた客神が、国主の神に宿所をもとめる話がある。ここで国主の神は、客神にみずからの国土を奪われることを恐れ、「先に国を占めむ」として、ある丘で食事をしている。この食事のとき、口から米粒がこぼれ落ちたので、その場所を粒丘と名づけたという地名伝承である。この場合、神はすでに「国主」であるから、これ以前に「国占め」はおこなわれており、その効力を再確認するために、あらためて米を食べたということになろう。

この伝承について、岡田精司は、「この場合の食事は領土の支配権を確保しようとする、〈国占め〉の呪的行為に関わるものと見ねばなるまい」と述べている。そして、「大地から生ずる五穀をはじめとする作物（中略）も、香具山の土のように、ある条件を具えた場合には国魂を象徴するものとなり、そしてそれを一定の宗教的手続によって食う時、その土地の支配権を握ることになると信ぜられていたのであろう」と指摘している（岡田・一九六二）。大地に実った農作物には、物実の土と同じように、国魂＝大地の生産力を宿したものがあり、それを「食べる」ことで、大地の支配権が呪術的・宗教的に保証されるということである。

かつて石母田正は、共同体の成員から首長に対して、その年の収穫稲の一部を初穂《はつほ》として貢納する慣行があったことを指摘した。そして、いわゆる新嘗の祭りと結びついている点に、この慣行の特徴を見いだした（石母田・一九七一）。首長は新嘗の祭りのなかで、貢納された初穂＝新穀を神に捧げると同時に、みずからも口にしたと思われるが、この初穂＝新穀を「食べる」行為にこそ、「国占め」の再確認、つまりはクニ／大地の支配権を確証する意味があったのだろう。大地がその年に最初に実らせた初穂の稲は、まさに国魂の結晶にふさわしい。クニの支配者が、国魂の宿った作物を「食べる」ことで、クニ／大地の支配権を確認する機会としては、収穫後の新嘗の祭りがもっとも重要なものであったと考えられる。

以上のように、物実の土の呪術によってクニ／大地の支配権を握った支配者は、「見る」「狩る」「食べる」といった儀礼的行為をくりかえすことで、その支配権を維持していたとみられる。そこで決定的な要素となっていたのは、クニの生命力＝大地の生産力としての国魂であった。古代のクニには、国魂のはたらきを中核とした、大地をめぐる呪術的・宗教的な思惟世界が広がっていたのである。

大地の開発

開発と神霊

開発のジレンマ

農業社会にとって、大地を切り開くことは、不可避の宿命ともいうべきものである。そこでは、樹木を伐りはらい、地面を掘りかえして、農作可能な耕地を生みだすことが、人びとの不可欠の作業となる。大地を開発せずには社会を維持することができないわけであるが、古代において開発という行為はきわめてセンシティブなもので、とくに古い時代には、その実践に大きな葛藤をともなわざるをえなかった。それはいうまでもなく、開発の対象となる未開の大地が、畏怖《いふ》すべきさまざまな神霊の住み処だったからである。

宗教学者のミルチャ・エリアーデは、地母神信仰の世界的なひろがりを論じるなかで、北米先住民ウマティラ族の予言者が、農耕による大地の掘りかえしを頑《かたく》なに拒否していた話を紹介している（エリアーデ・一九六八、同・一九六九）。その予言者によれば、農耕のために大地を掘りかえすことは、自分たちすべての母を傷つけ、切り裂き、掻きむしることであり、許されざる罪になるのだという。大地を神的存在とみなし、その開発を罪深い行為ととらえようとする、人間の普遍的な心性をあらわしているだろう。

こうした開発の罪業《ざいごう》視がありながら、より豊かな生活をめざして開発を推し進めなければならないというのが、農業社会の抱える根源的な葛藤である。そして、この葛藤を解消するために必要とされたのが、大地の神霊を対象とする慰撫の祭祀や儀礼であった。この点について、近世史学者の三鬼清一郎は、次のように述べている（三鬼・一九八七）。

大地はもちろん、山や森や木や石や、すべてのものに神が宿ると考え、それに対して畏敬の念を抱いて生きているのであるが、生きていくためには、荒地を拓いて田畑を耕し、木を伐採して家を建てなければならない。（中略）神を怖れながら、生きるためには神の領域を侵さなければならず、常に神の怒りにふれることを覚悟せねばならない。そこから神を鎮め、みずからの生命力をつけるための祭りがおこり、さまざまの儀礼が生み出された。

本章では、このような神霊とのデリケートな交渉を中心に、古代における大地開発の諸相をみていきたい。

図4　箭括氏麻多智が開墾したとされる谷戸

夜刀神説話

『常陸国風土記《ひたちのくにふどき》』行方《なめかた》郡条にみえる夜刀神《やとのかみ》説話は、首長による谷戸の開発をめぐる古伝承として有名なものである。大地の開発と神霊とのかかわりを考えるには、やはりこの説話から議論をはじめる必要があるだろう。

その話は、地元の古老の口から、次のように語られた。継体《けいたい》天皇の時代に、「箭括氏麻《やはずのうじま》多智《たち》」という人物がいた。かれは、谷あいの葦原を開墾し、新たに水田を造成した。このとき、「夜刀神」が群れをなして押し寄せ、水田の耕作を妨害した。そこで麻多智は、鎧を身につけ、みずから武器を手にとって、夜刀神を打ち殺し、開発地から追いはらった。そして、山の登り口に至ったところで、境界の堀にしるしの杖をたて、夜刀神に向かって次のように述べた。「ここから上は神の土地、下は人間の水田としよう。今後はわたしが祝《はふり》となって永遠に敬い祭るから、祟ったり恨んだりしないでくれ」。こうして社に夜刀神を祭ることになり、いまに至るまで、麻多智の子孫がその祭祀を継承している。

ここで麻多智が生きていたとされる継体天皇の時代は、六世紀前半にあたり、説話の内容は、この風土記が編纂された八世紀前半から、二〇〇年ほど前の出来事として描かれている。学術用語では、前章でみたクニの支配者を「在地首長」、より小さなムラの指導者を「村落首長」と呼ぶことがあるが、ここで葦原を開墾している麻多智は、後者の村落首長にあたる人物と考えられている。つまり、ムラの指導者が人びとの先頭にたって、未開の大地を大胆に切り開いていくようすが、この説話にはいきいきと描写されている。

この麻多智による開発に抵抗したのが、土地の先住神としての夜刀神である。風土記の説明によると、それは頭に角のある蛇の姿であらわれた。災難から逃れようとするときに、その姿を目にすると、一家が滅びてしまうというから、祟りをなす恐ろしい神であったことは間違いない。この神が「夜刀」の神という名称で呼ばれるのは、谷戸《やと》を住み処としていたことに由来する。谷戸とは、丘陵に切れこむ狭い谷間のことで、そういう場所にあった葦原＝湿地に、蛇の姿をした夜刀神は住みついていたのである。

麻多智が葦原の開発をなし遂げるためには、そこを住み処とする夜刀神を排除する必要があった。神霊の支配する聖なる大地を「非聖化」（desacralization）し、開発可能な世俗の大地に変えるためであろう。現に麻多智は、夜刀神を打ち殺すことも辞せず、その群れを暴力的に駆逐した。そうすることによって、葦原の水田化は初めて実現したのである。大地の開発は、「自然」を「文化」に転換する営みといえるが（山口昌男・一九七五）、そのためにはまず、自然の力を象徴する神霊を、開発すべき大地から追放しなければならなかった。

だが、神霊を追い払うだけでは、開発の営みは完結しない。さらなる手続きとして、追い払われた神霊との融和を図ることが必要であった。まず麻多智は、山と谷間の境界に標識の杖（「標《しめ》の梲《うだち》」）をたて、山側を夜刀神のための土地、谷側を人間のための水田とすることを宣言する。これによって、神の領域と人の領域が画定され、神と人との棲み分け＝共存が可能になる。また、地面に杖を刺し立てるのは、土地の占有をあらわす儀礼的行為でもあり（小松和彦・一九七七）、これをおこなうことで、新たに造成された水田は、正式に麻多智のムラの占有地となる。

そのうえで、麻多智はみずから祝となって夜刀神をまつる。そして、その祭祀はかれの子孫にながく受け継がれていく。祭司としての麻多智とその子孫は、神の領域と人の領域を分節化しながら、その二つを融和的に媒介する役割をはたすのである（赤坂憲雄・一九八八）。開発を妨げる存在として放逐された神霊は、ムラの指導者＝祭司による神祭りを通じて、開発の成果である水田を加護する存在に転化するのだろう。大地の神霊と開発者としての人間は、このような形において、対立と和解からなる弁証法的関係にあったといえる。

木簡にみえる谷戸の神

夜刀神説話の舞台となったのは、現在の茨城県行方《なめがた》市玉造《たまつくり》のあたりとされている。霞《かすみ》ヶ《が》浦《うら》（西浦）の東岸にほど近く、樹枝状に多くの谷戸が形成されている地域である。麻多智が開発したのは、この地域の谷戸のひとつと考えられ、その故地がどこにあたるかが具体的に推定されている。有力な比定地とされるのは、狭隘な低地が深く切れこむ典型的な谷戸で、奥の丘陵上には、夜刀神の社に由来するともいわれる小さな神社（愛宕《あたご》神社）が現存する（もとは少し離れた場所にあったらしいが）。

このような谷戸のすがたは関東各地にみられ、群馬県富岡市の内匠日向周地《たくみひなたしゅうち》遺跡がある場所も、そうした谷戸状地形のひとつである。この遺跡では、一二世紀初めの浅間山の噴火で埋没した、古代の水田四〇枚あまりが検出されているが、その下の層から夜刀神説話を連想させる木簡が発見され、研究者の注目をあつめている（平川南・一九九五、高島英之・二〇〇〇）。七世紀後半～八世紀後半のものとみられる二点の呪符木簡（呪術・信仰

図5　内匠日向周地遺跡出土一号木簡（群馬県教育委員会所蔵）

のための木簡）で、いずれも「天岡、蛟蛇、龍王に奉る」と読めるという。谷戸の開発と神霊との関係をうかがわせる貴重な史料である。

木簡の文面には、「天岡」「龍王」「蛟蛇」という三つの神霊的存在があらわれる。「天岡」は、北斗星を神格化した道教の神。「龍王」は、龍のすがたで水中に住むという水の神。「蛟蛇」＝「みずち」は、蛇に似ていて、角と四足があるという想像上の動物で、龍王と同じく水中に住み、毒気を吐いて人を害するとされる。ここでは、「蛟蛇」が「龍王」の使いとして扱われているらしい。この蛟蛇が、風土記の説話における夜刀神＝蛇をおもわせ、また遺跡のある谷戸状地形が説話の舞台に通じることから、麻多智による開発を彷彿とさせる史料として、注目されているわけである。

木簡の内容については、谷戸の神であり、龍王の使いでもある蛟蛇が、水の神である龍王に、降雨あるいは止雨を懇願したものではないかと考えられている。谷戸の神の祝として、蛟蛇を祭っていた当地の開発者が、旱魃《かんばつ》あるいは大雨に対処するために、蛟蛇を介して龍王に祈願する神事をおこなったときの木簡であろうという。

いっぽう、別の可能性として指摘されているのは、谷戸の開発にあたって無事に地面を掘り起こせるよう、谷戸の神＝蛟蛇の首領にあたる龍王に対し、祈りを捧げたのではないかというものである。この場合、雨水の問題ではなく、谷戸の水田造成に直接かかわる祭祀ということで、夜刀神説話とのつながりはさらに強くなる。いずれにせよ、この木簡を用いた谷戸の開発者が、蛇類として表象される谷戸の神をまつり、開発の成果である水田の維持を願っていたことは確からしい。夜刀神説話に描かれたような、水田開発における神霊との複雑な交渉は、各地の谷戸に一般的にみられる光景だったのだろう。

水利開発と神霊

大地の開発は、多くの場合、水利の開発をともなう。水田を造成・維持するのに必要な、池・溝・堤といった灌漑《かんがい》施設の整備である。地面の加工を要するという意味では、大地の開発の一種ともいえるが、そうした水利開発の場面でも、やはり神霊との交渉は避けられなかった。

たとえば『日本書紀』には、仁徳《にんとく》天皇の時代に、河内の茨田堤《まんだのつつみ》を築造したという記事がみえる（同天皇十一年四月甲午条・十月条）。淀川の洪水防止のために堤を築いたが、すぐに決壊してしまう箇所があるので、ふたりの人身御供《ひとみごくう》を捧げて「河神」を祭り、ようやく堤を完成させることができたという。人身御供の真否は別として、少なくとも、築堤工事に河川（水）の神の助けを必要としたことはうかがえる。この茨田堤の築造は、水害防止を大きな目的としているが、同時に茨田屯倉《みやけ》の設置とも結びついており（仁徳天皇十三年九月条）、一帯の水田開発をおし進める役割をも担っていたとみられる。水田開発にあたって堰堤《えんてい》をきずく場合、何らかの神霊を祭って加護を求めるのは一般的なことだったであろう。

同じく『日本書紀』には、神功皇后《じんぐう》の話として、神田の灌漑のために溝を掘った記事もみえている（神功摂政前紀仲哀天皇九年四月条）。大きな岩が工事の邪魔になったが、剣・鏡を捧げて「神祇《じんぎ》」に祈ると、落雷によって岩は裂かれ、溝を通すことができたと述べられている。「神祇」とは天神《てんじん》・地祇《ちぎ》のことで、天神はいわゆる高天原の神々であるが、地祇にはさまざまな自然の神が含まれたであろう。水田開発のために溝を掘削する場合、大地を住み処とする神霊に祈りを捧げることは、きわめて自然なことだったと思われる。

このほか、池の開発と神霊とのかかわりを示唆する史料として、奈良県高取《たかとり》町の薩摩《さつま》遺跡から出土した木簡がある。同遺跡からは、古代に築造された池がみつかり、堤とその内部の木樋《もくひ》、下流に配水するための放水路などが検出された。谷の出口付近に堤を築いて水を溜める構造で、農業灌漑用のため池だったと考えられている。この池の堆積土から、次のような木簡が出土したのである（『木簡研究』三二、二〇一〇年）。

・「田領卿前□〔拝カ〕申　此池作了故神」

・「癸〔発〕応之　波多里長檜前主寸本為
□□〔次カ〕□遅卿二柱可為今」

長さ二二六ミリ×幅四一ミリ×厚さ九ミリ

文意は難解であるが、どうやら池の完成を「田領卿」に報告したもので、その築造に、

図6　薩摩遺跡出土木簡（奈良県立橿原考古学研究所所蔵）

もともと「波多里長《はたりちよう》」の檜前村主《ひのくまのすぐり》氏がかかわっていたことなどを述べているらしい。ここで話題になっている池が、当遺跡で発見された溜池にあたることはいうまでもない。「里」とは「里長」に統轄される末端の行政単位で、「波多里」は遺跡周辺に存在した里と考えられている。里や里長という名称が正式に使用されたのは、七世紀末〜八世紀前半にかぎられ、池の築造がいつ頃始まったかを推測する有力な手がかりとなる。いっぽう、池の完成報告を受けている「田領」は、郡司に指揮される現場回りの役人（郡雑任《ぐんぞうにん》）で、字義どおり田地の管理にたずさわる場合が多い。この木簡は、里長のような末端の行政担当者や、田領のような地域の田地管理者が、ため池の築造に関与していたことを伝える点で、きわめて貴重な史料といえる。

注目すべきは、「此池作了故神癸〔発〕応之」という部分で、「この池を作り終わったので、神が出現してこれに応えた」と解釈されている。詳しい経緯はわからないものの、ため池の築造が神霊の加護のもとに進められたことを、明瞭に示しているだろう。水田造成そのものに止まらず、それと不可分な水利開発においても、神霊との交渉は避けられないものだったのである。

「文明化」としての開発

天皇の権威による開発

さて、先にみた風土記の夜刀神説話には、さらに続きがある。ときは移って、七世紀半ばの孝徳《こうとく》天皇の時代、かつて箭括氏麻多智が水田を造成した谷戸に、「壬生連麿《みぶのむらじまろ》」という人物が新たに池を築造した話である。麿はその谷戸を占拠して、池の堤を築かせたが、池のほとりの椎《しい》の木に、夜刀神＝蛇が集まって立ち去らない。そこで麿は、「この池を造るのは、民を生かすためなのだ。どこの神が「風化」に従わないのか」と大声で叫び、築堤の作業者たちに、「目にみえる魚虫の類は、恐れることなく、すべて打ち殺せ」と命じた。すると、居すわっていた夜刀神＝蛇は、たちまち姿を隠してしまったという。

風土記の別の記述によると、壬生連麿は茨城《うばらき》国造をつとめた人物で、白雉四年（六五

図7　壬生連麿が池を造ったとされる場所（湧水）　この丘陵上に愛宕神社（51頁）がある．

三）に中央からの使者に願い出て、行方評の設置を認められている。先にみた麻多智は、ムラを率いる小首長＝村落首長であったが、麿はそれと異なり、クニや評を治める大首長＝在地首長にあたっている。つまり、麻多智の話が、ムラの指導者による小規模開発をあらわしているとすれば、麿の話は、クニの支配者＝評の官人による大規模開発をあらわしている、ということになる。

重要なのは、麿が夜刀神を「風化」に従わない存在とみなし、単なる「魚虫の類」として、それを抹殺しようとしていることである。ここでの「風化」とは、天皇の威徳《いとく》による感化（徳化）の意味にほかならない。つまり、開発に抵抗する神は、天皇の権威に背いているのだから、遠慮なく撲滅してよいというのである。ここには、夜刀神を駆逐しつつも、それを丁重に祭りあげた麻多智とは、根本的に異なる姿勢があらわれている。

麿が開発をおこなった孝徳朝は、いわゆる大化改新の時期にあたる。中央政権による全国支配の強化のために、さまざまな政策が打ちだされた時期であるが、そうした改新政策の一環として、地方における開発の推進もうたわれている。大化二年（六四六）に、「国々の堤を築くべき地、溝を穿《ほ》るべき所、田を墾《は》るべき間《ところ》は、均しく給《たま》いて造らしめよ」という詔が出され（『日本書紀』同年八月癸酉条）、灌漑施設の整備や水田の造成が全国的に指示されているのである。麿による池の築造＝水利開発は、この天皇による命令を背景に、中央政権に仕える地方官としての立場からおこなわれたものだろう。だからこそ麿は、天皇の権威をふりかざし、開発に抵抗する神を、無慈悲にも誅殺しようとしたのである。

大化改新では、旧来の習俗を「愚俗」とみなし、それを矯正しようとする動きがあった。『日本書紀』の詔では、溺死の場面を目にした人が、溺死者の仲間に祓《はら》えを強要するとか、他人に貸した炊飯具がひっくりかえると、貸し主が借り主に祓えを要求するといった行為が、「愚俗」として禁じられている（大化二年三月甲申条）。「蒙昧《もうまい》」な民衆を教化し、「未開」な社会を改造しようとする、新たな「文明化」の時代が到来しようとしていた。

『日本書紀』によれば、大化改新を担った孝徳天皇は、「仏法を尊び、神道を軽《あなず》りたまう」人物だったという。外来の普遍宗教である仏教を尊重して、倭国古来の神祇信仰を軽視したというのであり、じっさい、神社の樹木を無遠慮に伐採するようなこともしたらしい（同天皇即位前紀）。この評伝が正しければ、孝徳天皇はまさに神威を畏《おそ》れぬ「開明的」君主であったことになろう。磨のような地方官＝在地首長は、こうした政権中枢の思潮をうけて、神霊畏怖の旧俗にとらわれることなく、大規模開発を推し進めるようになったと考えられる。高度な国家支配の確立にむけて、「文明化」への指向が強まるとともに、大地の開発は新たな段階に入ったといえよう。

開発を担う国司

大化改新から半世紀をへて、律令国家の支配体制が整った八世紀になると、中央から各国に派遣される国司が、地方における開発の担い手として前面に出てくる。その働きへの期待は、律令の条文にもはっきりとあらわれている。たとえば、考課令《こうかりょう》54国郡司条は、国司と郡司の勤務評定の基準を定めた条文であるが、そこには「それ田農《でんのう》を勧《すす》め課《おお》せて、能《よ》く豊かに殖えしめたらば、また見地に准《よ》りて、十分に為《つく》りて論ぜよ。二分を加えたらば、おのおの考一等を進めよ」という規定があり、その説明として、「謂《い》わく、熟田《じゆくでん》の外に、別に能く墾《は》り発《おこ》せる者をいう」との注記が付されている。つまり、国司や郡司が農民を督励して、熟田（すでに耕作されている田地）のほかに新たに未墾地を開墾させ、国内・郡内の田地面積を二割ふやせば、その勤務評定を一段階アップさせるというのである。成績評価上の動機づけを与えて、地方官を田地の開発に向かわせようとするもので、在地首長としての郡司だけでなく、中央派遣官である国司にも、開発推進者としての役割が期待されていることがわかる。

しかも、この条文のもとになった中国唐令の条文（『唐令拾遺』考課令復旧三六条）では、同じように地方官の勤務評定を上げることを規定しながら、その条件となる田地の増加については、「荒田」を再開墾した場合だけを対象としていて、未墾地の開墾をおもな対象とする日本令の条文と異なっている。つまり唐令は、荒廃した田地の再開発のみを地方官の功績としていたが、日本令はわざわざそれを書きあらためて、未墾地の新たな開発を地方官の主要な功績としたのである。農民が相対的に自立していた中国では、新規の開発を基本的に農民の自発性に任せていたのに対し、農民があまり自立していなかった日本では、地方官＝国家権力の主導によって、新規の開発を強力に推し進める必要があったことを物語っているだろう。

ほかにも、国司本人を有力な開発主体とみなしている点で、田令《でんりよう》29荒廃条が注目される。この条文には、官人は任地において「空閑地」（だれも占有していない土地）を自由に耕作してよいとの規定があり、主に赴任中の国司に対して、未墾地を私的に開墾することを認めたものと考えられている。この条文のもとになった唐令条文（天聖田令付載唐田令30条）には、これに相当する規定がなく、国司に私的な開発を許しているのは、日本独自の方針であったことがわかる。この規定によって開墾された田地は、任期のあいだ国司の私有地として経営されるが、任期が終わると国家のもとに回収されるので、国司による私的開発の活発化は、結果として国有地の拡大にも寄与することになる。日本令が唐令にない規定をわざわざ設けたのは、このような意味において、国司本人の開発力にも大きな期待を寄せていたからであろう。

実際の国司で、開発に大きな功績があった人物としては、道君首名《みちのきみおびとな》がよく知られている。『続日本紀』の評伝によると、首名は和銅年間（七〇八〜七一四）に筑後国司となり、隣国の肥後国司も兼任した（養老二年〈七一八〉四月乙亥条）。農業振興のための細かな規則をつくり、任国の人びとを熱心に指導したらしい。教えに従わないと厳しく責めたので、はじめは人びとの怨みを買ったが、実際に収穫があがると皆よろこび、国中が首名になびいたという。肥後の味生池《あじうのいけ》をはじめとして、多くの灌漑用の池を築造したというから、田地の開発にも大きく貢献したのであろう。首名が亡くなると、その恩恵を被った百姓たちが、かれを祠るほどであったと伝えられる。首名は大宝律令の編纂に加わった法律家で、「文明化」の流れの最前線にいた人物といってよい。そのような開明的国司が、神のごとく崇祀されるようになった点に、開発をめぐる時代の変化を感じとることができよう。

開発をになう国司の開明性は、次のようなエピソードにもあらわれている。時代は九世紀にくだり、天長年間（八二四〜八三三）に美濃国司をつとめた藤原高房《ふじわらのたかふさ》の事績が、『日本文徳天皇実録』に伝えられている（仁寿二年〈八五二〉二月壬戌条）。それによると、同国安八《あはち》郡に灌漑のための陂渠《ひきょ》（池溝）があったが、その堤防が決壊してしまい、水を蓄えることができなくなっていた。地元の人びとの言い伝えでは、陂渠には神がいて、水を止めるのを嫌っており、それに逆らう者は死ぬとされていた。そのため従来の国司は、壊れた堤防を修理しようとしなかった。ところが高房は、民を利するために敢えて堤防を築かせ、田地を灌漑できるようにしたので、人びとはその功績を後々まで称えたという。開発にあたって神霊を畏怖する感情が根づよく、国司もそれに配慮せざるをえなかった一面がうかがえるが、一方でそうした畏怖感情をふり払い、開発の成果を合理的に追求していく国司のすがたも、ここには明瞭にあらわれている。

条里の開発

国司による公的開発は、条里地割《じょうりちわり》の施工と密接不可分であったと考えられる。条里地割とは、一辺一町（約一〇九メートル《メートル》）の正方形を基本単位とする、均一的な土地区画のことをいう。一町間隔のメッシュパターンに沿って、溝・畔・道などを造成することで、大地を碁盤目状に区分するものである。律令国家による効率的な土地支配のために導入され、全国の平野部に施工されていった。

近年の考古学的調査によれば、条里地割の施工範囲が大きく拡張するのは、時代がくだって平安時代以降になるという。少なくとも、律令国家の成立と同時に、この地割が全面的に整備されたわけではないらしい。だが一方では、奈良時代以前の地層からその遺構がみつかったとされる例もあり、条里地割のはじまりが律令国家の成立期にさかのぼる可能性は高いようである。たとえば、大阪府の美園《みその》遺跡（八尾《やお》市）、長原《ながはら》遺跡（大阪市）、池島《いけしま》・福万寺《ふくまんじ》遺跡（東大阪市・八尾市）などでは、七世紀後半の条里地割とみられる遺構が確認されている。また、静岡県の静清平野では、古代東海道を基準線として、八世紀前半に、広域的な条里地割の施工が開始されたのではないかといわれている。おそらく、七世紀後半の畿内において、中央政権による直轄的な施工がいち早くはじまり、その後八世紀にかけて、畿外の国々においても、国司の主導のもとに、つぎつぎと施工が開始されていったのだろう。

律令国家が地割による土地支配を重視していたことは、律令の条文からもうかがえる。土地の面積単位を規定した田令1田長条では、基準となる一段の面積が、「三〇歩×一二歩＝一段」というかたちで表示されている。長辺三〇歩、短辺一二歩の長方形の区画が、一段の面積になるということである。ところが、この条文のもとになった中国唐令の条文（『唐令拾遺』田令復旧一条）では、基準となる一畝の面積を、「一歩×二四〇歩＝一畝」というかたちで表示している。これに倣うならば、日本の条文でも「一歩×三六〇歩＝一段」と規定すればよかったが、実際にはそうしなかった。つまり、もともとの中国の条文は、短辺の長さを最小値（＝一）に設定した抽象的な面積規定であったが、日本の条文は、わざわざそれを改変して、具体的な長方形の区画をあらわす規定にしたのである。この三〇歩×一二歩の区画は、条里地割の基本となる一町四方の正方形を一〇等分したもので、日本の律令国家が、細かい区画にいたるまで、統一的な地割の構想を練りあげていたことがわかる。

条里地割の施工は、なめらかな「平滑空間」（espace lisse）としての大地を、人工的な直線で区切られた「条里空間」（espace strié）に改造する作業である。対象を規格化し、計算可能なものにすることが、「文明化」の重要な要素であるとすれば、条里地割はまさに、そのような意味における「文明化」のひとつの装置として機能すべきものであった。国司を担い手とした、律令国家による大地の開発は、田地の面積を増加させるためだけの単なる殖産事業ではなかった。それは、列島全土に統一的な地割を実現し、あらゆる田地を標準化しようとする、土地支配の強化事業としてもおこなわれたのである。

興味ぶかいのは、条里開発の遺構において、地鎮祭祀の痕跡らしきものが検出されていることである。多くの事例が報告されている池島・福万寺遺跡のケースをみてみよう（江浦洋・一九九六、同・二〇〇三）。

条里開発と地鎮

池島・福万寺遺跡は、河内平野の東部にあり、大阪府の東大阪市と八尾市にまたがっている。現代にいたるまで良好な条里地割が保存されてきた地域で、この遺跡でも、地割を施された古代の水田遺構が、広域にわたって発見されている。上層で確認された一〇世紀の水田は、地表にみられる条里地割と区画が一致し、下層から見つかった七世紀後半の水田も、正方位にあわせて整った区画がなされている。この二つの時期の水田面から、きわめて多くの土器埋納遺構が検出されているのである。

土器埋納遺構とは、文字どおり、土器を地面の下に埋めた遺構であり、この遺跡で検出された一〇世紀の遺構には、次のような特徴がみられるという。第一に、円形の穴の底に、椀・杯などの土器がひとつだけ、口縁部を上向きにして埋められている場合が多いこと。第二に、土器が埋められた地点は、水田の主だった区画線上に位置することが多く、畦畔《けいはん》の盛土のなかに埋められた例もあること。第三に、比較的短期間のあいだに製作された土器が埋められていることである。こうした特徴から、これらの土器の埋納は、長期にわた

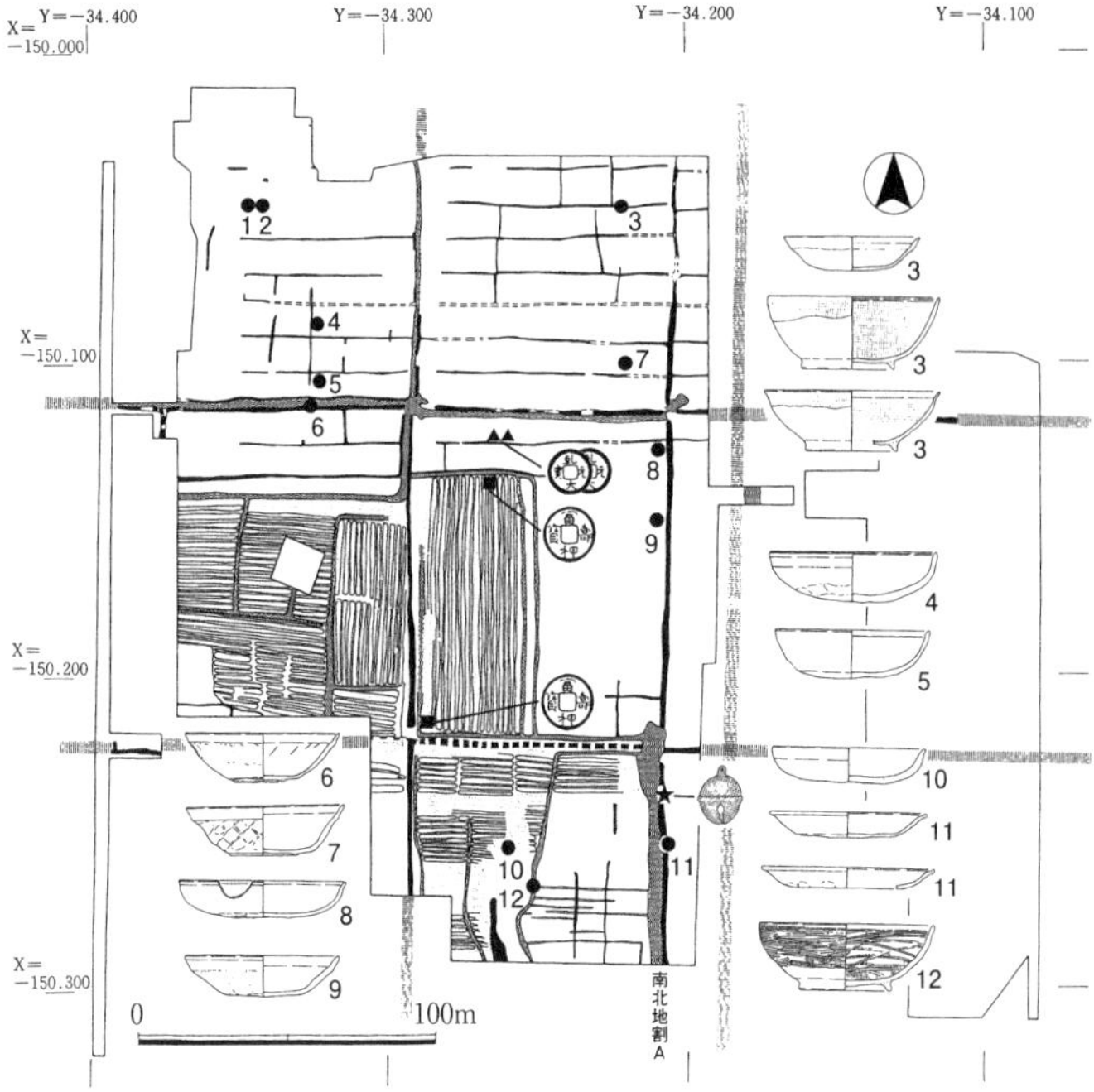

図８　池島・福万寺遺跡　平安時代条里型水田面と土器埋納遺構
（江浦洋「条里型水田面をめぐる諸問題」『池島・福万寺遺跡発掘調査概要』Ⅶ，大阪文化財センター，1992年より）

って単発的になされたのではなく、水田の開発当初に、ほぼ一斉におこなわれた可能性が高いと推測されている。このような土器の埋納行為に、水田経営上の実利的な意味はなく、もっぱら呪術的・宗教的な働きが想定されることはいうまでもない。要するに、均一的な地割の施工をともなう、計画的で大規模な水田開発のために、大地の神霊をしずめる地鎮の祭りが、組織的に執りおこなわれたのではないかというのである。

七世紀後半の土器の埋納状況もほぼ同様なので、右の見方が正しいとすれば、律令国家の成立期においても、大がかりな水田開発のために地鎮祭祀が実施されていたことになる。条里地割の施工をともなう国家的な土地開発にあたり、大地の神霊に対する統一的な鎮謝の儀礼がおこなわれていた可能性が浮上するのである。「文明化」の流れのなかで、とくに国家権力による開発においては、神霊をはばからぬ合理的態度が優越化していったことは確かであろう。にもかかわらず、神霊への畏怖感情を完全には払拭できなかったことを、この遺跡の土器埋納事例は示唆している。ここに、大地の開発をめぐって繰り広げられた、「未開」と「文明」の葛藤の一場面を見いだすこともできるだろう。

墾田永年私財法と荘園開発

墾田永年私財法の発布

八世紀半ばに、土地開発をめぐる状況は大きく変化する。きっかけは、天平十五年（七四三）のいわゆる墾田永年私財法《こんでんえいねんしざいほう》の発布である。よく知られるように、土地開発の奨励策として、養老七年（七二三）にいわゆる三世《さんぜ》一身法《いっしんのほう》が施行されるが、この法令では、自力で開墾した田地であっても、一定期間後には国家に回収されることになっていた。墾田永年私財法が、その回収期限を撤廃し、墾田の永年所有を認めたことは周知のとおりである。貴族や豪族は、この法令に後押しされて、大規模な土地開発をそれまで以上に積極的に進めるようになった。

もうひとつの重要な法令は、天平勝宝元年（七四九）に発布された「寺院墾田地許可《じいんこんでんちきょか》令《れい》」である（『続日本紀』同年四月甲午朔条・七月乙巳条）。東大寺の四〇〇〇町をはじめとして、主要な寺院の墾田所有の上限額を定めたもので、それぞれの寺院は、この額の範囲内で、自由に土地開発をおこなうことが可能になった。貴族・豪族だけでなく、大寺院にとっても、八世紀半ばは、大規模開発を推進するための法的条件が整った時期なのである。こうして八世紀後半には、貴族・豪族・大寺院の開発による「初期荘園」が、各地につぎつぎと形成されていく。初期荘園とは、中世に典型化する荘園と区別して、この時期特有の荘園をあらわすための学術用語である。

初期荘園の開発を通じて、中央の勢力は本格的に地方へ進出するようになった。なかでも、未墾地の広がる開発のフロンティアとして注目されたのが、越前国・越中国を中心とする北陸地方であった。中央の貴族や大寺院は、この地域に広大な野地を占定し、墾田開発を熱心に推し進めていった。たとえば、左大臣橘諸兄《たちばなのもろえ》の息子で、自身も参議にのぼった橘奈良麻呂《たちばなのならまろ》は、天平宝字元年（七五七）に政変で失脚するまで、越中国砺波《となみ》郡に一〇〇町をこえる野地を占拠し、墾田の開発を進めていた。また、紫微内相《しびないしょう》・大師《たいし》（太政大臣）として権勢をきわめた藤原仲麻呂《ふじわらのなかまろ》も、天平宝字八年に乱で敗死するまで、越前国に二〇〇町もの野地・墾田を所有していた。そして、この地方でもっとも大がかりに荘園開発を展開したのは、国家的な大寺である東大寺であった。寺院墾田地許可令が出されると、東大寺はすぐに僧の平栄らを占墾地使《せんこんちし》（野占寺使《やせんじし》）として越前・越中に派遣し、広大な野地を各地に占拠した。その面積は、越中だけで五八〇町余におよぶ。八世紀後半の北陸地方には、中央の貴族・寺院による荘園開発の大きな波が押し寄せたのである。

墾田永年私財法については、それを災害復興政策の一環ととらえる見方がある（吉川真司・二〇〇六）。天平七年に九州を中心に天然痘がはやったが、同九年にはそれが列島全体に蔓延し、未曽有の大流行となった。平城京では多くの貴族・官人が罹患して亡くなり、日常の政務に支障をきたすまでになった。このとき、公卿であった藤原氏の四兄弟（武智《むち》麻呂《まろ》・房前《ふささき》・宇合《うまかい》・麻呂《まろ》）が全員死亡したことは、よく知られている。地方の被害もおなじく甚大で、全国平均の死亡率は二五〜三五％《パーセント》にのぼったとの推算もある。当時の日本の総人口を約四五〇万人とみる説によれば、一〇〇〜一五〇万人ほどの人命が失われた計算になる。このような大災害からの復興のために、国家全体の生産力をあげるべく、土地開発を全面的に奨励しようとしたのが、墾田永年私財法であったというのである。

たしかに、開発された墾田からは、国家の租税としての田租《でんそ》が徴収されるので、墾田の増加は、災害によってダメージを受けたであろう国家財政の回復につながる。じっさい、八世紀後半には田租の蓄積量が順調にふえ、財政が充実していったらしく、墾田永年私財法が、国家全体の生産力向上に寄与したことは間違いないだろう。

このとき、中央権力を構成する有力貴族・大寺院が、本格的に地方の開発に乗りだすようになった意味は大きい。地方における開発の主役は、箭括氏麻多智のような〈村落首長〉→壬生連麿のような〈在地首長〉→道君首名のような〈国司〉と、社会階層を上昇させながら移り変わってきたが、ついに最上位にある有力貴族・大寺院が、担い手として大きな位置を占めるにいたった。いわば、中央の大資本のちからを動員した、国家をあげての「大開発の時代」が、八世紀後半の列島社会には訪れたのである。

田図と条里呼称法

大開発によって墾田が大幅に増えることになり、国家はそれらの墾田を効率的に把握すべく、新たな工夫をしなければならなくなった。そこで編み出されることになったのが、田図《でんず》と条里呼称法による土地管理システムである。

田図とは、条里地割にのっとって描かれた図面である。タテ・ヨコの線によって、一町四方の区画を方眼状に描き、ひとつひとつの枠のなかに、そこに所在する田地の種類・所有者・面積などを書き入れる。田図の存在は天平元年には確認されるが、統一様式で全国的に作成されるようになるのは、天平十四年頃からと考えられている。田地把握の手段としては、それ以前に田籍《でんせき》があったが、これは田地の所有者（戸主）ごとに、所有する田地の所在・面積などを一か所ずつ記したもので、人間の原簿である戸籍《こせき》に対し、田地の原簿であるから田籍という。律令制の成立にともなって、国家が六年ごとに口分田《くぶんでん》を支給・回収する班田収授《はんでんしゅうじゅ》制が施行されていたが、この六年に一度の班田のときに田籍は作成された。

田籍と田図は、同じ田地把握の手段であっても、その原理が異なっている。田籍は所有者ごとに田地をまとめて、人間主体に田地を把握するが、田図は地面の区画にもとづいて、空間主体に田地を把握する。はじめは前者の原理だけで田地を管理できていたが、しだいに墾田の増加による所有状況の複雑化に対応しきれなくなった。そこで、墾田永年私財法の発布にあわせて後者の原理が全面的に採用され、八世紀半ばからは、田籍に加えて田図も作成されることになったのである。田図と田籍は、班田ごとに必ず一緒に作られ、まとめて「図籍」と呼ばれるようになる。この図面と帳簿のセットによって、国家はそれまで以上に徹底した田地管理をおこなうようになった。

こうした図籍による田地管理を支えたのが、条里呼称法とよばれる新たな位置表示のしくみである（金田章裕・二〇一八）。それまでは、たとえ条里地割が存在していても、その特定の区画をピンポイントで位置表示する方法がなかった。小字《こあざ》のようなミクロな地名によって、田地のおおよその位置は把握できるが、そうした地名は一定の範囲にひろがり、一町四方の区画に厳密に対応しているわけではないので、田地の正確な位置表示には不十分であった。そのため、田地の位置を正確に把握したいときには、「四至《しし》」による特定という、少々面倒な方法をとらなければならなかった。東・西・南・北の四つの境界に何が

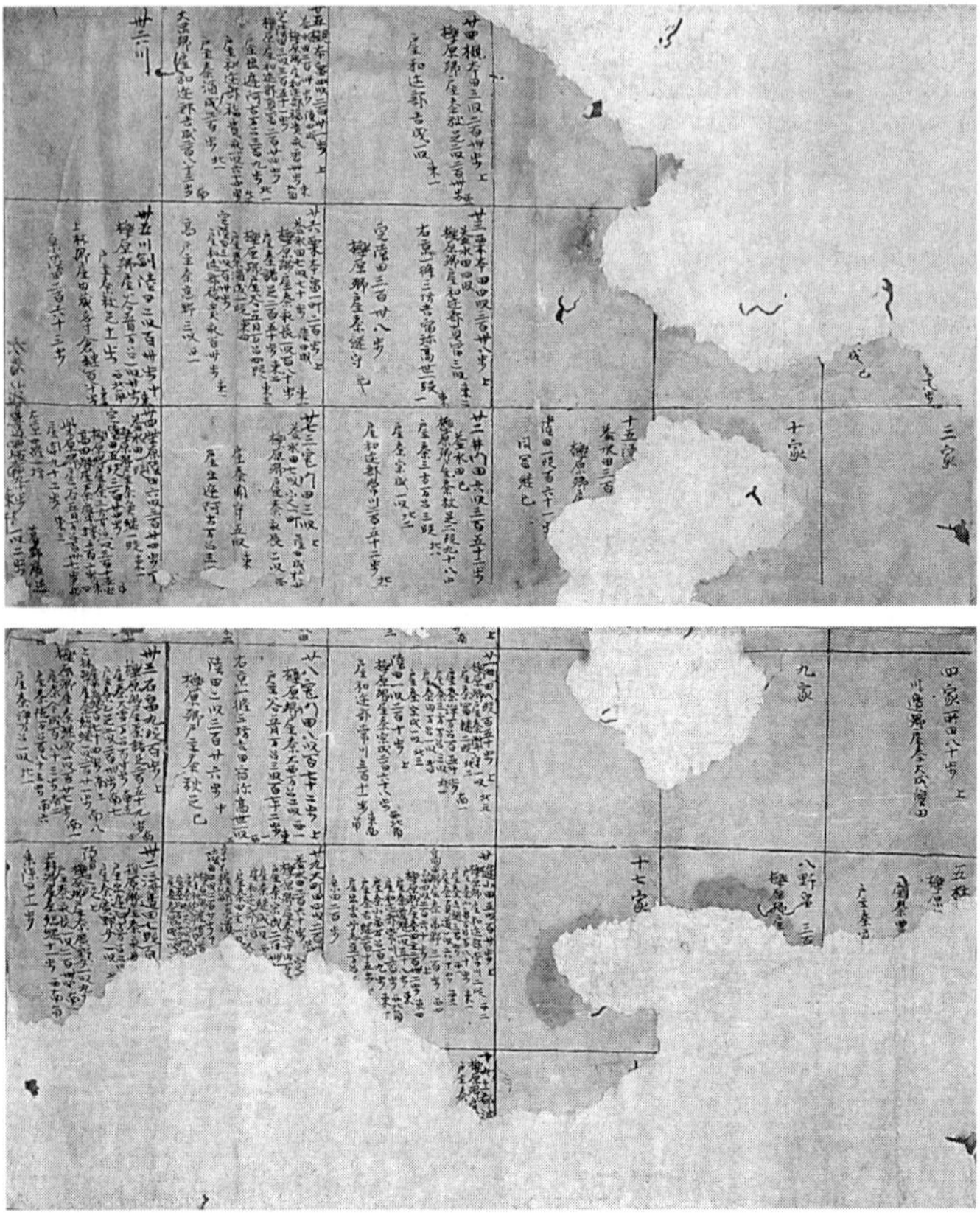

図９　山城国葛野郡班田図（断簡，国立歴史民俗博物館所蔵）

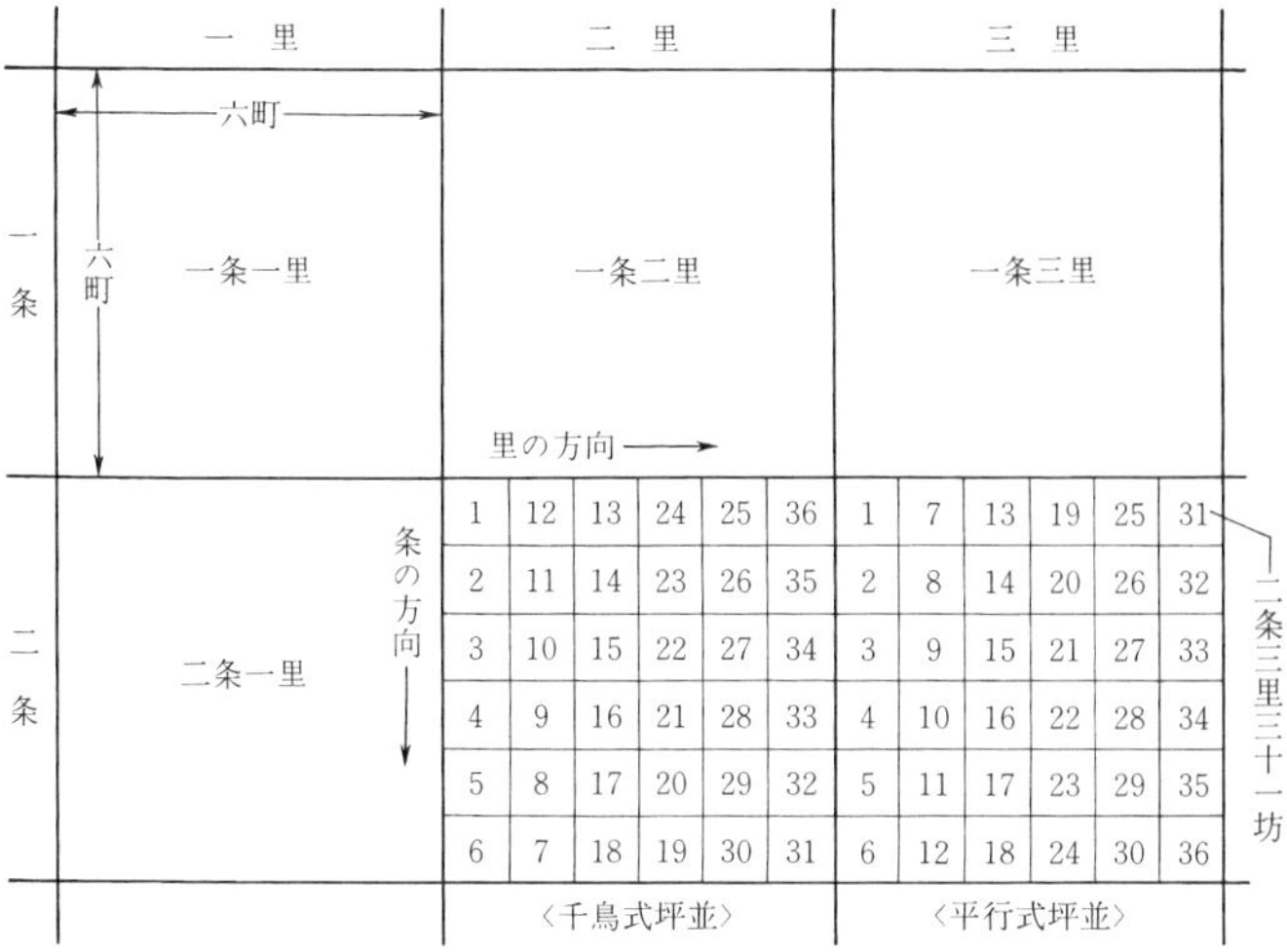

図10　条里呼称法

あるかによって、その田地の位置をあらわす方法である。八世紀半ばまでの田籍には、この方法で田地の所在が記載されていたと考えられる。

これに対して条里呼称法は、条里地割のひとつひとつの区画に機械的に番号を付けていく、ナンバリングによる位置表示法である。最小単位となる一町四方の区画を「坊」(平安時代には「坪」)、坊を三六個まとめた正方形を「里」、里を東西または南北に連ねた列を「条」といい、それぞれに数詞を付して「一条二里三坊(坪)」のように表示する。この方法によって、少なくともある田地がどの区画に位置するかは、容易に把握できるようになる。田図に描かれた区画の枠内に、この位置番号を記入しておけば、田籍によって四至を確認するのに比べ、はるかに効率的な田地管理が可能になるだろう。じっさい条里呼称法は、田図の整備と歩調をあわせるかのように、八世紀半ばから各国に導入されていくのである。条里呼称法と田図は、空間主体の田地把握方法として、一体的に案出されたものなのだろう。

条里呼称法のように、数詞によって機械的に田地の位置をあらわす方式は、同時代の中国で一般的に使用されていた形跡がない。また、田図のような図面が、国家的な田地管理に用いられていた証拠も、同時代の中国には見いだせない。条里呼称法と田図による田地管理は、おそらく日本で独自に発達したものと思われる。大開発による墾田の激増という状況に迫られて、日本の律令国家は、中国以上に合理的な土地管理システムを発展させることになったといえよう。

日本の都城では、中国にならって、京域を碁盤目状に区画する条坊制が導入されたが、そこでも数詞によって機械的に区画を表示する方式がとられている。もともと、長安・洛陽などの中国の都城では、条坊の区画に固有名がつけられていた。日本でも、藤原京においては、「林坊」「軽坊」「小治町」などの固有名で条坊の区画をあらわしていたが、平城京になってから、数詞による独自の呼称法を使いはじめたのである。田地にかかわる条里呼称法は、この平城京における条坊呼称法と共通の発想にもとづいている（岸俊男・一九八七）。日本のような周辺の後発国家が、中国のような中心の先進国家をモデルとして、新たな国家体制を整えようとするとき、いわば歴史の欠如を逆手にとって、モデル国家以上に機能的なシステムを発展させる場合があった、ということだろう。

一般には、墾田永年私財法が出され、初期荘園が増えることによって、八世紀後半には律令国家の土地支配秩序が崩れるというイメージが強い。しかし実際には、墾田の激増に対応した精緻な土地管理システムが生みだされ、この時期に律令国家の土地支配はむしろ深化したのである。

荘園開発と土神

以上のような国家管理のもとに、貴族・寺院は初期荘園の開発をすすめた。ここでは、その代表例として、東大寺による越中《えっちゅう》国の荘園開発の様子をみておこう。とくに注目したいのは、荘園開発における「土神《つちのかみ》」の役割である。

越中国の東大寺領荘園については、天平宝字三年（七五九）と神護景雲元年（七六七）の荘園図が現存している（藤井一二・一九九七、飯田剛彦・二〇〇九）。荘園図とは、国家がつくる班田ごとの田図にならって、荘園の領有者が国司とともに作成した荘園の田図のことである。天平宝字三年図は七点がのこっており、砺波郡の石粟荘《いさわのしょう》・伊加流伎荘《いかるぎのしょう》、射《い》水《みず》郡の須加荘《すかのしょう》・鳴戸荘《なるとのしょう》・楔田荘《こてだのしょう》《くぼた》、新川《にいかわ》郡の丈部荘《はせつかべのしょう》・大藪荘《おおやぶのしょう》のようすが、それぞれ

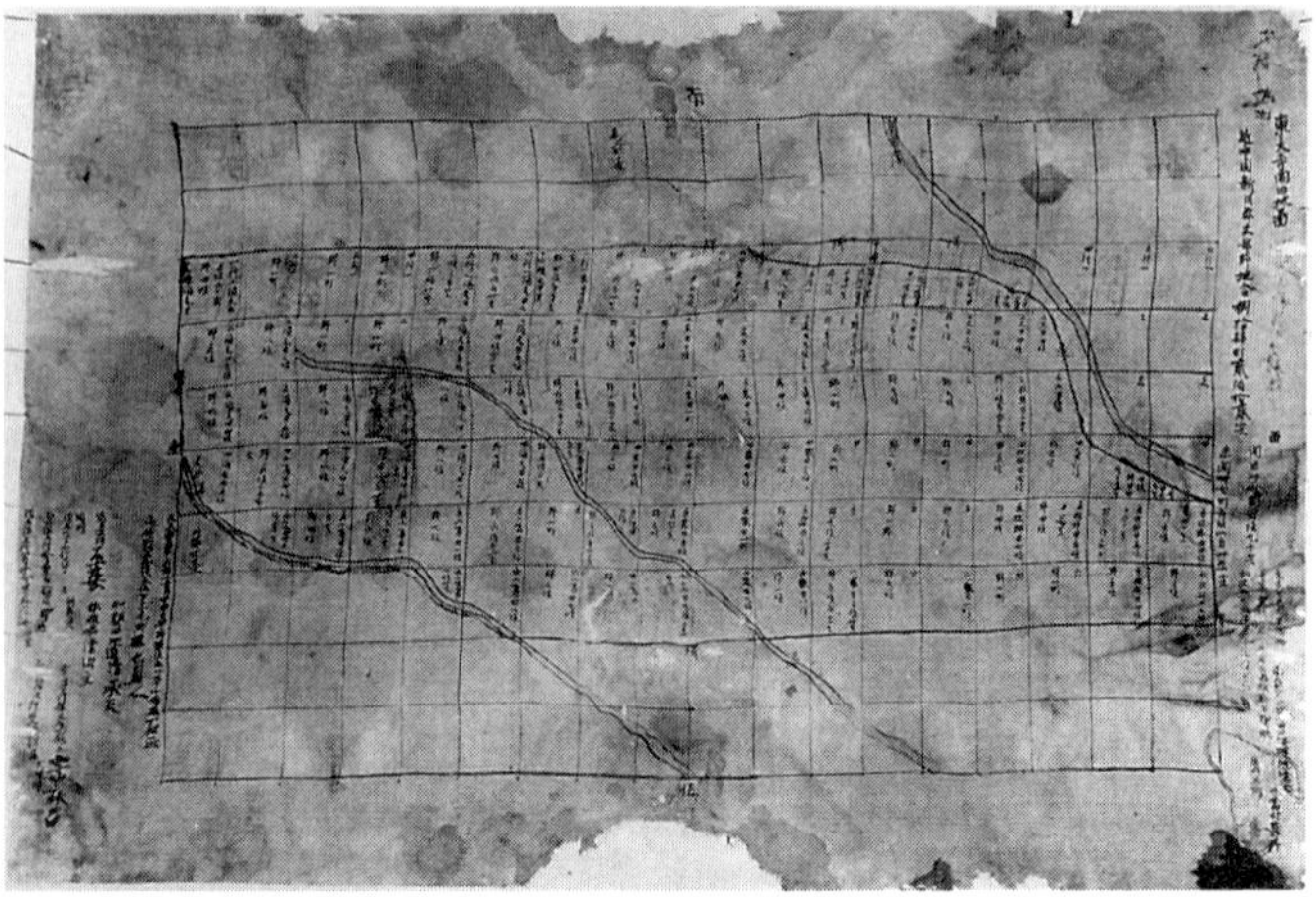

図11　東大寺開田地図 越中国新川郡丈部野地図（天平宝字3年，正倉院宝物）

一つの図（石粟荘図が紙であるほかは布）に描かれている。いっぽう神護景雲元年図は、一枚の横長の布に、七つの荘園の図を続けて描いたもので、砺波郡の井山荘《いやまのしょう》・伊加留岐（伊加流伎）荘・杵名蛭荘《きなひるのしょう》、射水郡の須加荘・鳴戸荘・鹿田荘《かだのしょう》、新川郡の大荊（大藪）荘の図が載せられている。この二つの年次の荘園図により、越中国にあった一〇か所の東大寺領荘園の開発状況を知ることができ、そのうち四つの荘園については、二つの年次の開発状況を比較することができる。

たとえば、伊加流伎（伊加留岐）荘の開発は、天平勝宝元年（七四九）に広大な野地を占拠したことに始まるが、一〇年後の天平宝字三年図では、一〇〇町の野地すべてが「未開」であるとされ、さらに八年後の神護景雲元年図でも、わずか八段三四〇歩が開墾されているだけで、残りの九九町一段二〇歩は、まだ「未開野地」のままとなっている。つまり、野地の占拠から一八年たっても、一《パーセント》弱しか開発がおこなわれていないことがわかる。これに対して大藪（大荊）荘は、天平宝字三年図では、やはり一五〇町の野地すべてが「未開」とされているが、神護景雲元年図では、一九町一段六〇歩の墾田が生まれていて、それなりに開発が進んでいるといえる。いっぽう鳴戸荘は、天平宝字三年図で、占拠された野地五八町三段一〇歩のうち、三三町三一〇歩がすでに開墾されており、さらに神護景雲元年図では、五一町四段四〇歩が墾田になっていて、九〇《パーセント》近くの面積が開発されている。同じ越中国の東大寺領といっても、その開発状況は荘園ごとにかなり異なっていたのである。

注目されるのは、これらの荘園において、「土神」と表現される土地の神が祭られていたことである（吉村武彦・一九七四）。石粟荘の図には「土神七十二歩」、井山荘の図には「土神分一段」と記されているが、これらの記載は、二つの荘園内に、土神の祭祀のための特別な田地が設けられていたことを示している。荘田（荘園の田地）の一部を神田に割いて、そこから毎年稲米を収穫し、それを荘園内の社に祭られた土神に、神饌《しんせん》として捧げているのだろう。「土神」といえば、『日本書紀』巻一・神代上に「土神を埴安神《はにやすのかみ》と号

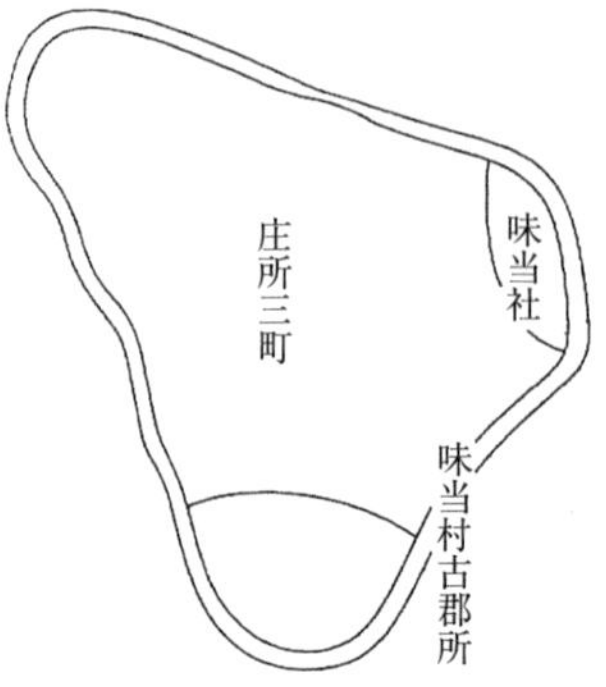

図12　丈部荘の味当社（吉村武彦『日本古代の社会と国家』（岩波書店，1996年）より）

す」とみえるように、文字どおり、物質としての土（＝ハニ）の神を意味する場合がある。しかし、ここでの土神はそうではなく、天神に対する地祇を「つちのかみ」と呼ぶ場合のように、その地域の土着の神、土地の主としての神を意味しているとみられる。

　石粟荘には、土神のほかに、荊波《うはら》神・男《お》（雄）神・浅井《あさい》神・櫛田《くした》神のための神田が設けられているが、これらは『延喜式』神名帳にみえる式内社《しきないしゃ》の神々である。土神は、そうした有力神とは異なる存在で、荘園のある土地に昔から根づいている小さな神なのだろう。丈部荘の図にみえる「味当《あじまさ》社」や、大藪荘の図にみえる「鹿墓《しかはか》社」は、そのような土神を祭った小社と考えられる。丈部荘の図では、「庄所」（荘園経営の拠点となる施設）の敷地の一角に「味当社」があり、荘園経営において、土神の祭祀が重要な役割を果たしていたことがうかがえる。荘園開発を成功させるためには、地主の神から土地をもらい受け、その加護のもとに開墾を進めることが不可欠だったのであろう。箭括氏麻多智の時代から遠く隔たり、「文明化」の流れをうけた「大開発の時代」になっても、神霊の存在を無視して大地を開発することは困難だったのである。

長期的にみれば、「文明化」の趨勢のなかで、大地の神霊を畏怖する「未開」な心性を排除していく動きが強まるのは確かであろう。それでもなお、神霊への一定の配慮なしには開発が成り立たなかったことを、条里開発や荘園開発の事例は示唆している。大地の開発をめぐる「未開」と「文明」の葛藤は、かたちを変えながら続いているのである。

大地の所有と売買

土地所有の原理

戦後歴史学と土地所有研究

人類史のある段階で、大地は人間に「所有」されるようになる。特定の主体がある土地を任意に使用するようになり、その状態がひとつの権利として認められることで、いわゆる土地所有権が発生する。この土地所有権を、それぞれの時代に、どのような人たちが掌握していたのか。また、どのようなかたちで掌握していたのか。それを具体的に解明することが、歴史学の主要な課題になっていた時代があった。一九七〇年代までの、いわゆる戦後歴史学の時代である。

戦後歴史学において、土地所有をめぐる研究は、特権的ともいえる地位を占めていた。社会経済史と呼ばれる経済重視の研究がさかんになり、社会のかたちを規定する根本的な経済要因として、土地所有が注目されたのである。とくにマルクス主義歴史学では、歴史の発展段階を決めるのは生産様式（富を生みだすしくみ）であり、その生産様式の根幹をなすものこそ土地所有にほかならないと考えられていた。生産様式は、生産手段（富を生みだす材料）の所有のあり方に規制されるが、自然から与えられた土地という資源は、まさに生産手段のもっとも基本的なものといえるからである。

このような土地所有の重視のもと、戦後歴史学では、「私的土地所有発展史観」ともいうべき歴史観が支配的になった（小谷汪之・二〇一二）。「共同体的土地所有」（共同体全体による土地の共有）と「私的土地所有」（個々の主体による土地の私有）を、それぞれ歴史の始点と終点におき、後者の要素がどれだけ発達しているかで、歴史の発展レベルを測ることができるとする見方である。ここでは、近代的な私的土地所有の実現に向けて、段階的な進歩を遂げていくのが、日本の歴史のプロセスであるということになる。そして、前近代の土地所有は、近代のあり方を基準として、単に発達が不十分なものとみなされることになる。

呪術的・宗教的土地所有

こうした通念に変化をもたらし、中世の土地所有について新鮮な見方を提示したのが、一九八〇年前後の勝俣鎮夫の研究である。中世後期の徳政一揆では、売買で他人の所有物になっていた土地が、もとの持主＝本主に取り戻されるという現象が発生した。勝俣は、この〈土地の戻り〉現象の背景に、土

図13　中田　薫

地と本主は一体であるべきだとする、ユニークな土地所有観念を見いだした。

開発された土地とそれを開発した本主は、呪術的な一体感情で強く結ばれている。土地には生命があるが、それを与えているのは本主とのつながりであって、売買によって本主から切り離された土地は、本来の生命をうしなった「仮死状態の土地」になってしまう。〈土地の戻り〉は、そのような状態にある土地を、本来のあるべき姿にもどし、その生命を復活させようとする行為である。中世には、近代と異なる独特の土地所有観念があり、土地は単なる物件としてではなく、本主と一体的な〈生けるもの〉として扱われていた、というのである（勝俣・一九七九、同・一九八二）。

こうした勝俣の見方には、ふたつの隣接分野の認識が影響しているように思われる。ひとつは、中田《なかだ》薫《かおる》（一八七七～一九六七）にさかのぼる、法制史的な土地所有研究の流れである。日本法制史の分野を開拓した中田は、前近代の土地所有研究に大きな足跡を残したが、そこで強く意識されていたのは、前近代の土地所有を近代的な論理でとらえてはいけ

吉川弘文館

新刊ご案内　2019年10月

〒113-0033・東京都文京区本郷７丁目２番８号　振替 00100-5-244（表示価格は税別です）
電話 03-3813-9151(代表)　ＦＡＸ 03-3812-3544　http://www.yoshikawa-k.co.jp/

令和改元に伴い、新項目を増補―最も精確で信頼できる「天皇事典」

令和新修 歴代天皇・年号事典

米田雄介編

四六判・四六四頁／一九〇〇円　『内容案内』送呈

神武天皇から今上天皇までを網羅し、略歴・事跡などを平易に解説する。没後に天皇号を贈られた追尊《ついそん》天皇、皇位につかず太上《だじょう》天皇号を贈られた不即位太上天皇まで収め、各天皇の在位中に制定された年号や埋葬された陵《みささぎ》も記載。皇室典範特例法による退位と即位を巻頭総論に加え、天皇・皇室の関連法令など付録も充実。

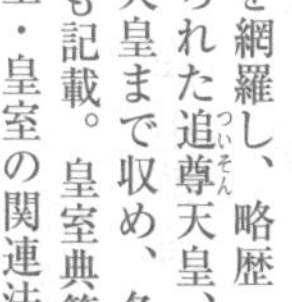

古墳、刀剣、城郭、
応仁の乱＆幕末地図…。
ビジュアル付録を大増補！

ここが変わった2020年版

日記と歴史百科が一冊で便利！

歴史手帳 2020年版

吉川弘文館編集部編

Ａ６判　三三六頁　一一〇〇円

◆見開きで管理できる「年間スケジュール」◆動乱の時代が一望できる「応仁の乱&幕末地図」◆古来、日本と関わりの深い世界を知る「現代のアジア地図」◆刀剣・城郭ファンにおすすめ！　博物館や城巡り、時代劇鑑賞に役立つ「図録編」がさらに充実　※古墳・梵字・服飾・刀剣・山城・天守を追加（一挙10頁）◆シックで洗練された風合の装幀に一新！

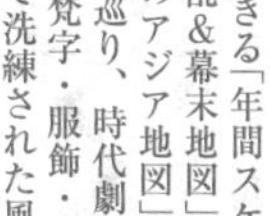

中世鎌倉のまちづくり 災害・交通・境界

高橋慎一朗著

山と谷が取り囲み、南に海が広がる鎌倉。寺社や遺跡、都市の「かたち」が中世の雰囲気を現在に伝える。多様な機能を持つ橋や禅宗寺院、武家屋敷から武士たちの暮らしを分析。人や物が絶え間なく行き交う都市鎌倉を探る。

四六判・二二八頁／二八〇〇円

朝廷の戦国時代 武家と公家の駆け引き

神田裕理著

戦国時代、天皇や公家たちはいかなる存在であったのか。足利将軍や天下人が、天皇・公家たちと交渉を繰り広げ、互いに利用し合った実態を解明。朝廷の「武家の傀儡《かいらい》」イメージを覆し、天皇・公家の主体性を再評価する。

四六判・二八八頁／二四〇〇円

池田綱政 元禄時代を生きた岡山藩主

倉地克直著

明君と知られた父光政と比較され、きびしい評価を受けてきた岡山藩池田家の二代目当主。だが実際は、大規模新田の開発や、閑谷学校の整備、後楽園の造営などの事蹟もある。時代に呼応した統治をすすめた人物像に迫る。

四六判・二四〇頁／二六〇〇円

核軍縮の現代史 北朝鮮・ウクライナ・イラン

瀬川高央著

東西冷戦後、米ソの中距離核戦力削減、ウクライナや朝鮮半島の非核化交渉、イラン核交渉などによる核軍縮が進んだ。安全保障上の利害の異なる関係諸国が、いかに核拡散の脅威を低減する合意を成立させてきたかを解明。

四六判・二六〇頁／一九〇〇円

歴史文化ライブラリー

●19年8月～10月発売の3冊

四六判・平均二二〇頁　全冊書下ろし

人類誕生から現代まで／忘れられた歴史の発掘／常識への挑戦／学問の成果を誰にもわかりやすく／ハンディな造本と読みやすい活字／個性あふれる装幀

487 〈謀反〉の古代史

平安朝の政治改革

春名宏昭著

平安前期、充実した国政運営が進展する一方、承和《じょうわ》の変をはじめとする政変が頻発したのはなぜか。有能な官僚による「良吏《りょうり》政治」の下で変質する天皇のあり方などを読み解き、政治を動かす巨大なエネルギーの実態に迫る。

二〇八頁／一七〇〇円

488 戸籍が語る古代の家族

今津勝紀著

国民の身分台帳たる戸籍。古代にも戸籍に人々が登録され、租税負担の基本となっていた。どの範囲の親族が記載されたのか、人口総数や平均余命、歳の差婚が多かった理由等々、古代の人々の暮らしを明らかにする。

二二四頁／一七〇〇円

489 平将門の乱を読み解く

木村茂光著

「新皇」即位―。皇統を揺るがせ、朝廷に衝撃を与えた平将門の乱。乱の原因を探りつつ、その過程に八幡神や天神など新しい神々が登場する意味や王土王民思想が発現される要因を分析し、反乱の国家史的意義を読み解く。

二七二頁／一八〇〇円

【好評既刊】

483 皇位継承の中世史 血統をめぐる政治と内乱
佐伯智広著――〈2刷〉二一六頁／一七〇〇円

484 たたら製鉄の歴史
角田徳幸著――二五六頁／一八〇〇円

485 特攻隊の〈故郷〉 霞ヶ浦・筑波山・北浦・鹿島灘
伊藤純郎著――〈2刷〉二四〇頁／一七〇〇円

486 海辺を行き交うお触れ書き 浦触の語る徳川情報網
水本邦彦著――二八八頁／一八〇〇円

歴史文化ライブラリー オンデマンド版販売のお知らせ

一九九六年に創刊し、現在通巻四八〇を超えた歴史文化ライブラリーの中から、永らく品切れとなっている書目をオンデマンド版にて復刊いたしました。新たに追加したタイトルなど、詳しくは『出版図書目録』または小社ホームページをご覧下さい。

オンデマンド版とは？

書籍の内容をデジタルデータで保存し、ご注文を戴いた時点で製作するシステムです。ご注文をお受けするたびに、一冊ずつ製作いたしますので、お届けできるまで二週間程度かかります。なお、受注製作となりますのでキャンセル・返品はお受けできません。あらかじめご了承下さい。

読みなおす日本史

毎月1冊ずつ刊行中　四六判

日本の神話を考える
上田正昭著
一九二頁／二二〇〇円（解説＝千田　稔）

『古事記』『日本書紀』だけが日本の神話ではない。『風土記』や『万葉集』『先代旧事本紀』なども、神話の貴重な断片を伝えている。その全体を東アジアとの関わりも視野に入れて見通し、日本神話の成立と構造を解き明かす。

奈良の寺々 古建築の見かた
太田博太郎著
一九二頁／二二〇〇円（解説＝藤井恵介）

絵画や彫刻と異なり実用性も要求される建築は、基本的な知識がないと美や良さを理解するのが難しい。奈良の古寺を題材に、基礎用語と建物の構造をやさしく解説した、鑑賞のための入門書。便利な建築用語索引を付す。

鎌倉幕府の転換点 『吾妻鏡』を読みなおす
永井　晋著
二二〇頁／二二〇〇円（補論＝永井　晋）

鎌倉幕府の歴史は、正史『吾妻鏡』にいかに叙述されているのか。源平合戦、御家人の抗争、北条氏の権力確立などを年代順に辿り、『吾妻鏡』の記述と京都の公家・寺院の記録を比較検証。何が事実であったかを読み解く。

摂関政治最盛期の「賢人右府」
藤原実資《さねすけ》が綴った日記を待望の現代語訳化！

『内容案内』送呈

現代語訳 小右記 全16巻

倉本一宏編

四六判・平均二八〇頁／半年に1冊ずつ配本中

❾「この世をば」

【第9回】 二八〇〇円

寛仁二年(一〇一八)正月～寛仁三年(一〇一九)三月
道長三女の威子が後一条天皇の中宮に立ち、「一家三后」という形で道長の栄華が頂点を極める。その宴席で和歌を詠むことを求められた実資は、道長の詠んだ「この世をば」を皆で唱和しようと提案。その胸中や如何に。 三一二頁

好評既刊

- ❶三代の蔵人頭《くろうどのとう》 二八〇〇円
- ❷道長政権の成立 二八〇〇円
- ❸長徳《ちょうとく》の変 二八〇〇円
- ❹敦成《あつひら》親王誕生 二八〇〇円
- ❺紫式部との交流 二八〇〇円
- ❻三条天皇の信任 三〇〇〇円
- ❼後一条天皇即位 三〇〇〇円
- ❽摂政頼通 三〇〇〇円

名久井文明著 A5判／各四五〇〇円

食べ物の民俗考古学 木の実と調理道具

縄紋時代の人々は、木の実などの食べ物をいかに処理し、利用してきたのか。出土遺物が形成された背景を、従来の考古学では研究対象にしてこなかった民俗事例から追究。食べ物を素材に「民俗考古学」の地平を広げる。 一七六頁

生活道具の民俗考古学

籠・履物・木割り楔・土器

縄紋時代以降、人々は籠や履物などの生活道具をいかに作り、使ってきたか。出土遺物が形成された背景を、従来の考古学では研究対象にしなかった民俗事例から追究。生活道具を素材に「民俗考古学」の地平を広げる。 一九二頁

古代日本の国家と土地支配

松田行彦著 A5判・三四四頁／一一〇〇〇円

古代の人と土地との関係を、経済面と国家との関係から追い、地域社会の土地慣行を復元。班田収授法の理解に必要な大宝田令条文を、唐の土地制度と比較分析して、土地をめぐる諸問題への律令制国家の関与を追究する。

中世足利氏の血統と権威

谷口雄太著 A5判・三五〇頁／九五〇〇円

中世後期、足利氏とその一族(足利一門)は、自らを尊貴な存在と権威付けていた。なかでも別格の吉良・石橋・渋川の三氏(御一家)を具体的に検証。足利一門を上位とする武家の儀礼・血統的な秩序形成から崩壊までを描く。

足利一門守護発展史の研究（新装版）

小川　信著

Ａ５判・八三四頁／一二〇〇〇円

中世政治史に新生面を開いた室町幕府・守護体制の実証的研究を新装復刊。足利一門（細川・斯波・畠山）の発展過程を追究し、三管領として政権の中枢を占めた理由を解明する。研究の進展に今なお寄与する労作。解説付。

近世地方寺院経営史の研究

田中洋平著

Ａ５判・二五八頁／一〇〇〇〇円

近世寺檀制度の枠組外にあった小規模仏寺は、いかに存続しえたのか。関東地域の祈禱寺院・修験寺院・無住寺院を中心に、宗教・金融・土地集積など多様な活動を検討。寺門を取り巻く地域社会と寺院経営との関係に迫る。

日本陸軍の軍事演習と地域社会

中野　良著

Ａ５判・二六〇頁／九〇〇〇円

軍隊の維持に不可欠な軍事演習にあたり、陸軍と地域はいかなる関係を有したか。日露戦後から昭和戦前期を対象に、演習地の負担や利益、演習地に対する陸軍の認識を検討。天皇統監の特別大演習に関する論考も収録する。

帝国日本の大陸政策と満洲国軍

及川琢英著

Ａ５判・二九二頁／九〇〇〇円

満洲国軍とはいかなる存在だったのか。馬賊ら在地勢力の編入過程や、陸士留学生、軍内統制、国兵法の意義、作戦動員と崩壊までを検証。日露戦争以後の日本の大陸政策と中国東北史に位置づけ、歴史的意義を考察する。

戦後日本の教科書問題

石田雅春著

Ａ５判・二四〇頁／九〇〇〇円

教育課程や検定制、歴史教科書の記述内容などを焦点に進められてきた戦後の教科書問題研究。日教組と文部省の対立や教科書無償化、家永教科書裁判などの諸問題を、従来とは異なる視点で分析して実態に迫る。

日本考古学　第49号

日本考古学協会編集——Ａ４判・一三八頁／四〇〇〇円

正倉院文書研究　第16号

正倉院文書研究会編集—Ｂ５判・一三四頁・口絵二頁／五〇〇〇円

鎌倉遺文研究　第44号

鎌倉遺文研究会編集——Ａ５判・八〇頁／二〇〇〇円

戦国史研究　第78号

戦国史研究会編集——Ａ５判・五二頁／六四九円

交通史研究　第95号

交通史学会編集——Ａ５判・一一四頁／二五〇〇円

浅草寺日記　第39号

浅草寺史料編纂所・浅草寺日並記研究会編——Ａ５判・八一六頁／一〇〇〇〇円

泰平の世を導いた３将軍の記念碑的伝記を

３冊一挙に新装復刊！

Ａ５判・上製／『内容案内』送呈

徳川家康公伝〈新装版〉

中村孝也著

家康没後三五〇年、日光東照宮の記念事業として編纂された伝記を新装復刊。家康の性格描写に注力し、歴史的環境とともに全生涯を総観する。詳細な年譜と、関連史跡や文書など豊富な図版も収めた、家康研究に必備の書。

本文一〇五八頁
口絵（原色二丁・単色二六丁）
折込（原色二丁・単色二丁）
二五〇〇〇円

徳川家光公伝〈新装版〉

廣野三郎著

徳川家三代将軍として幕府の基礎を強固にした家光。その三百回忌を記念して編纂された初の本格的伝記を新装復刊。誕生から任官までの経歴、将軍の個性を中心に、その治世と鎖国令など事績を余すことなく詳述する。

本文六六八頁
原色口絵二丁・別刷一一丁
二〇〇〇〇円

徳川吉宗公伝〈新装版〉

辻　達也著

享保の改革を主導した中興の名君として知られる徳川八代将軍吉宗。没後二〇〇年にあたり編纂された伝記を新装復刊。幕府政治再建に力を注いだ事績を究明するなど、個人の伝記にとどまらず享保時代史ともいうべき名著。

本文四三八頁
原色口絵一丁・別刷一三丁
二〇〇〇〇円

鐙《あぶみ》瓦・宇《のき》瓦
文字瓦・鴟《し》尾《び》
鬼瓦・塼《せん》…

古《こ》瓦《が》図鑑（新装版）

戦前の日本・中国・朝鮮半島で発掘された膨大な「古瓦」を分類・編集した稀覯書を新装復刊

石田茂作編　Ａ４横判・二九六頁／三二〇〇〇円

戦前の考古学者高橋健自が収蔵した、日本・中国・朝鮮半島の遺跡出土の古瓦九五九点を、形式ごとに分類・編集した図鑑を新装復刊。古墳時代から近世までの瓦を収め、発見地や寸法も明記。古代史・考古研究の重要資料。『内容案内』送呈

検証 奈良の古代遺跡
古墳・王宮の謎をさぐる

小笠原好彦著

A5判・二二二頁／二二〇〇円

古代には大和《やまと》と呼ばれ、政治や文化の中心地だった奈良。葛城《かつらぎ》や飛鳥の古墳、王宮跡など三〇遺跡を新説とともに紹介。考古学の研究成果に「記紀」『万葉集』などの記述をふまえ、背後に展開した新たな古代世界を描く。

中世日本を生きる
遍歴漂浪の人びと

新井孝重著

四六判・二二八頁／二四〇〇円

中世前期、耕地は不安定で農民も武士も土地に根を張れなかった。底辺に生きる非人や遍歴する芸能民。襲いかかる災害・飢饉・病など、厳しい環境のなかで人びとはどのように生き抜いたのか。中世の社会史を読み解く。

鳥羽・志摩の海女《あま》
素潜り漁の歴史と現在

塚本　明著

A5判・二三二頁／二二〇〇円

国の重要無形民俗文化財「鳥羽・志摩の海女漁の技術」。原始から現代へと至る、苦難と興隆の歴史を辿り、その豊かで力強い文化を紹介する。働くことの意味、伝統・文化のありかたを現代社会に問いかける注目の一冊。

ロイヤルスタイル 英国王室ファッション史

中野香織著

四六判・二三六頁／二二〇〇円

個性ある生き方とファッションで世界の関心を惹きつける英国王室。装いや言動、恋愛や結婚は何を示し、人々はいかに受け止めたのか。威光と親しみやすさを共存させてきた英王室の歴史、そして気高い生き方を考える。

わくわく！探検《たんけん》 れきはく日本の歴史 全5巻

小中学生から大人まで、歴史と文化を目で見て楽しく学べる！

「れきはく」で知られる国立歴史民俗博物館が日本の歴史と文化を楽しく、やさしく解説。展示をもとにしたストーリー性重視の構成で、ジオラマや復元模型など、図版も満載。大人も楽しめる！

国立歴史民俗博物館編

B5判・各八六頁

オールカラー

各一〇〇〇円

全5巻セット箱入五〇〇〇円

『内容案内』送呈

博物館《ミュージアム》が本になった！

❶先史・古代
❷中世
❸近世
❹近代・現代
❺民俗

近刊

※書名は仮題のものもあります。

縄文時代の植物利用と家屋害虫 圧痕法のイノベーション
小畑弘己著 B5判／八〇〇〇円

阿倍仲麻呂（人物叢書298）
森　公章著 四六判／二一〇〇円

藤原俊成 中世和歌の先導者
久保田　淳著 四六判／三八〇〇円

「王」と呼ばれた皇族 古代・中世皇統の末流
日本史史料研究会監修・赤坂恒明著 四六判／二八〇〇円

神仏と中世人 宗教をめぐるホンネとタテマエ（歴史文化ライブラリー491）
衣川　仁著 四六判／一七〇〇円

経　覚（人物叢書299）
酒井紀美著 四六判／二三〇〇円

軍需物資から見た戦国合戦（読みなおす日本史）
盛本昌広著 四六判／二二〇〇円

戦国大名毛利家の英才教育 元就・隆元・輝元と妻たち（歴史文化ライブラリー492）
五條小枝子著 四六判／一七〇〇円

東海の名城を歩く 岐阜編
中井　均・内堀信雄編 A5判／二五〇〇円

信長と家康の軍事同盟 利害と戦略の二十一年（読みなおす日本史）
谷口克広著 四六判／二二〇〇円

明智光秀の生涯（歴史文化ライブラリー490）
諏訪勝則著 四六判／一八〇〇円

戦国大名北条氏の歴史 小田原開府五百年のあゆみ
小田原市編・小和田哲男監修 A5判／一九〇〇円

肥前名護屋城の研究 中近世移行期の築城技法
宮武正登著 B5判／一二〇〇〇円

城割の作法 一国一城と城郭政策
福田千鶴著 四六判／三〇〇〇円

大学アーカイブズの成立と展開 公文書管理と国立大学
加藤　諭著 A5判／一一五〇〇円

芦田均と日本外交 連盟外交から日米同盟へ
矢嶋　光著 A5判／九〇〇〇円

文化遺産と〈復元学〉 遺跡・建築・庭園復元の理論と実践
海野　聡編 A5判／四八〇〇円

モノのはじまりを知る事典 生活用品と暮らしの歴史
木村茂光・安田常雄・白川部達夫・宮瀧交二著 四六判／二六〇〇円

「令和」を迎え「平成」を網羅した十四年ぶりの増補新版！

日本史総合年表 第三版

定評ある日本史年表の決定版

加藤友康・瀬野精一郎・鳥海　靖・丸山雍成編

『国史大辞典』別巻

旧石器時代から令和改元二〇一九年五月一日に至るまで、政治・経済・社会・文化にわたる四万一〇〇〇項目を収録。西暦を柱に和年号・干支・閏月・改元月日・大の月、朝鮮・中国年号及び天皇・将軍・内閣他の重職欄を設け、近世までの項目には典拠を示し、便利な日本史備要と索引を付した画期的編集。

改元・刊行記念特価一五〇〇〇円（二〇二〇年二月末まで）以降一八〇〇〇円

四六倍判・一二九二頁

『内容案内』送呈

事典　日本の年号

小倉慈司著

大化から令和まで、二四八の年号を確かな史料に基づき平易に紹介。年号ごとに在位した天皇、改元理由などを明記し、年号字の典拠やその訓みを解説する。地震史・環境史などの成果も取り込んだ画期的〈年号〉事典。

四六判・四六〇頁／二六〇〇円

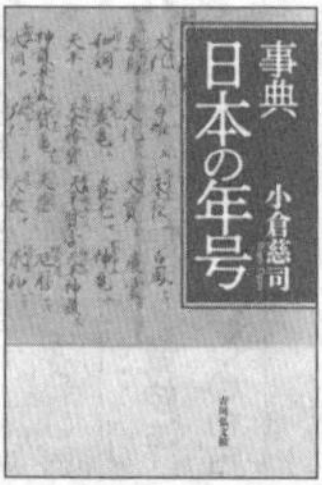

沖縄戦を知る事典

非体験世代が語り継ぐ

吉浜　忍
林　博史
吉川由紀　編

「鉄の暴風」が吹き荒れた沖縄戦。その戦闘経過、住民被害の様相、「集団自決」の実態など、六七項目を収録。豊富な写真が体験者の証言や戦争遺跡・慰霊碑などの理解を高め、〝なぜ今沖縄戦か〟を問いかける読む事典。

〈5刷〉A5判・二二二頁／二四〇〇円

ない、ということであった。古代には古代特有の、中世には中世特有の土地所有のかたちがある。近代のように絶対無限の私的土地所有権が確立していないからといって、古代や中世の土地所有を単純に未熟なものと評価するわけにはいかない。近代とは異なる中世独自の土地所有観念を明らかにしようとした勝俣の研究は、このような中田の基本的認識を受け継いでいる。

もうひとつは、主に人類学がもたらした認識で、近代化以前の社会には、呪術的・宗教的・感情的な土地所有観念が強くみられる、というものである。オーストラリアの典型的な部族は、宗教的・感情的な紐帯《ちゅうたい》で先祖伝来の土地と緊密に結びついており、日本中世における本主と土地との一体関係も、それと同様の「呪術的土地所有観」に由来するのではないか、と勝俣はいう。ここで思い起こされるのは、人類学者・馬淵東一《まぶちとういち》が提起した「呪術的・宗教的土地所有権」という概念である（馬淵・一九七四）。

馬淵は、東南アジアの伝統的土地所有について分析をおこない、先住者と土地とのあいだに、法的権利とは次元の異なる特別な霊的紐帯があることを指摘した。右の概念は、この特別な紐帯をあらわすためのもので、勝俣のいう本主と土地との呪術的な一体関係も、この馬淵の概念と関連づけてとらえることができる。土地所有の呪術性を重視する勝俣の議論が、人類学の基本認識と親和的であることは疑いないだろう。

現在、勝俣の研究に対しては、さまざまな批判が提出されている（長谷川裕子・二〇一五）。〈土地の戻り〉現象を、土地所有観念からではなく、債務・債権関係から考える有力な研究もあり、もはや勝俣説に全面的に従うのは難しい、というのが現状なのだろう。しかし、前近代の土地所有について考えようとするとき、勝俣説にいまなお重要な示唆が含まれていることも否定しがたい。前近代には、近代的論理におさまらない、独自の土地所有観念が存在したこと。その観念は、呪術的・宗教的性格が濃厚なものであったこと。古代の土地所有を考察するさいに、この二つの視点が有効であることは確かであろう。以下、この点に留意しつつ、土地所有の問題を考えてみたい。

無主から有主へ

律令のひとつの条文に、「山川藪沢《せんせんそうたく》の利は、公私これを共にせよ」という規定がある（雑令《ぞうりょう》9国内条）。山林原野がもたらす利益は、みなで共有すべきであって、だれも独占することができない、という決まりを述べたものである。未開の山野には、特定の所有主の存在が認められていないこと、つまり、ありのままの大地は「無主」の地とされる原則であったことを示している。一般に「公私共利」の原則と呼ばれるもので、律令制の一部として中国から導入されたが、それ以前にも、地域首長の管理のもとに、未開の大地を無主の地とする慣行は存在したと推測される。手つかずの大地は原則的に、特定の主体による土地所有の対象にならなかったのである。

大地を所有の対象に変えるには、人間が労働を投下して、その土地を人為の加わったものに改造する必要があった。古代には、人間の労働のことを「功」「功力」といい、労働を投下することを「功を加う」「功力を加う」と表現した。この「加功」のプロセスを経ることによって、大地は初めて所有の対象になるのである。そのことは、たとえば三世一身法の規定からもうかがえる。

養老七年（七二三）に発布されたこの法令では、灌漑施設を新造して開墾した田地は、三世（本人・子・孫の三代、あるいは子・孫・曽孫の三代）のあいだ、旧来の灌漑施設を利用して開墾した田地は、本人の一生のあいだ所有することが認められた。ここでは、灌漑施設の造成や修補といった、開発のための具体的な労働投下をおこなうことが、期限付きではあるものの、土地所有を可能にする条件となっている（吉田晶・一九八〇）。つまり、だれかがある土地の所有主となり、そこを排他的に使用するためには、まずもって、その土地を改造＝開発する「加功」の事実が必要とされたのである。

このルールは、天平十五年（七四三）のいわゆる墾田永年私財法にも貫かれている。この法令は、三世一身法にあった所有期限をなくし、開墾した田地を、子々孫々まで永代に所有することを認めたものである。そのなかに、「もし地を受くる後、三年に至りて本主開かずは、他人の開墾を聴《ゆる》せ」という付則がみえる。国家に申請して、開墾すべき土地をもらい受けながら、三年たっても実際に開墾しない場合は、開墾する権利をほかの人に譲らなければならない、という規定である。開発のために土地を確保しても、現実に開発労働を投下しなければ、その土地の永久的な所有主にはなれなかったことがわかる。

延暦十七年（七九八）の法令にも、「墾田地は、未だ開かざる間、有る所の草木、また共に採らしめよ」とあり（『類聚三代格』巻十六・同年十二月八日官符）、実際に開墾されるまでの開発用地は、だれもが自由に植物を採取できる無主の地として扱われた。改造＝開発のための現実の「加功」によって、大地は「無主」の世界から「有主」の世界に移行するのである。

クシ・ナワによる占有表示

加功によって土地所有は可能になるが、それはあくまで出発点であって、その後の持続的な所有が保障されるわけではない。所有主としての地位を維持するためには、その土地の実際の使用を、連年にわたり継続していくことが必要であった。それは農地の場合、毎年その土地で農作をおこない、収穫を得ていくということである。具体的には、後述するように、〈耕すこと〉（耕起《こうき》）と〈種をまくこと〉（播種《はしゅ》）、史料用語でいえば「耕」と「種」が、農地の使用をあらわす最重要の指標となっており、ある土地の所有主でありつづけるためには、それらの作業からなる土地の使用事実を、毎年積み重ねていくことが必要だったのである。だが、「耕」や「種」は無条件に実行できるわけではなく、それらの作業の前提として、もうひとつ重要な手続きがあった。クシあるいはナワによる土地の占有表示である。まずは、この手続きを詳しくみておこう。

手がかりとなるのは、天津罪《あまつつみ》に含まれる「クシザシ」と「アゼナワ」である。天津罪とは、記紀神話のなかに、スサノオノミコトが犯した罪として描かれているもので、朝廷の行事である大祓《おおはらえ》においても、その穢れを祓い除かれるべき重大な罪とされていた。その多くは、伝統的共同体のなかで、農作の壊乱行為とみなされていたものらしく、農地や灌漑施設を破損させる「アハナチ」(畔放)、「ミゾウメ」(溝埋)、「ヒハナチ」(樋放)などの罪が含まれていた。「クシザシ」「アゼナワ」も、こうした天津罪の一種であり、同じく共同体の農作秩序をみだす行為であったと考えられる。

クシザシは「串刺」と表記される。他人の土地に、木の札であるクシ(串)を勝手につき刺して、その土地を不正に占有しようとする行為をさしている。こうした不正行為が発生しうるのは、クシを刺し立てて土地の占有表示とすることが、一般的な社会慣行として定着していたからだろう。正当な所有主にとって、みずからの土地に占有標識としてのクシを刺し立てることは、実際に土地を使用するための前提として、必須の手続きであったと考えられる。

記紀神話をふまえた九世紀初めの書物『古語拾遺《こごしゅうい》』には、アマテラスがみずからの田地を「耕種」しようとしたとき、スサノオがひそかに「串を刺し」たため、両者のあいだに争いが起きたと記されている。また、『日本書紀』の注釈書である『釈日本紀《しゃくにほんぎ》』（一三世紀末成立）は、クシザシについて、田地にクシを刺し立てて「呪詛《じゅそ》の詞」を唱えるものと説明し、その田地を無理やり「耕」すと、身を滅ぼすと述べている。これらによる限り、占有標識のクシを刺し立てる手続きは、その年の「耕」「種」に先立って、春先におこなわれるのが通例であったとみられる。つまり、「耕」「種」を中心とする実際の使用をおこなうためには、まず田地にクシを刺し立てて、その土地が自分の占有物であることを周囲に告示しなければならなかった。

このクシの刺し立てと同様の機能をはたしたのが、土地にナワ（縄）を張るという作法である。天津罪としてのアゼナワは「絡縄」と表記され、繊維をからませた丈夫な縄を、他人の土地に勝手に張ることをいう。この不正行為の背景にも、やはり土地の占有表示のために縄を張りわたすという、一般的な社会慣行の存在があったと推測される。簡単にいえば、土地の境界に区画のための標縄《しめなわ》（注連縄）を張るのであり、この行為を『万葉集』の歌などでは「標結《しめゆ》う」と表現している。『日本書紀』の神話では、実った稲穂を横領するのにアゼナワが使われているので（神代上・第七段・一書第二）、収穫物を確保するために秋に縄を張ることもあったようだが、一方では土地自体の占有を示すために、春の「耕」「種」のまえに縄を張ることもおこなわれていたのだろう（中村吉治・一九四八）。

所有主がみずからの土地を実際に使用するには、クシ・ナワによる占有表示の手続きによって、あらかじめ他者からの侵害を排除しておく必要があったのである。

「耕」と「種」

こうして毎年初めに、あらためて土地の占有状態を確保したうえで、所有主はその年の実際の使用にとりかかる。そして、土地使用を構成する一連の作業のなかで、もっとも重要なものとされたのが、「耕」と「種」、すなわち〈耕すこと〉と〈種をまくこと〉であった。

この二つの作業が、土地使用の事実をしめす最大の指標であったことは、土地争いの解決ルールに明白にあらわれている。係争中の田地について、その使用者を認定し、収穫物の帰属を決めようとする場合、律令の規定では、当事者のどちらが「耕」「種」の作業をおこなったかを、主要な判定基準としているのである（田令30競田条）。自身の権利をいくら主張しても、「耕」「種」の作業を実践していなければ、その土地の実際の使用者とは認められなかった。

こうした法的基準が現実に機能するには、「耕」「種」の決定的重要性が、社会的レベルでも認知されていることが必要であろう。たとえば、『皇太神宮《こうたいじんぐう》儀《ぎ》式帳《しきちょう》』の記事をみると、農耕社会にとって、「耕」の作業がいかに特別なものであったかがうかがえる。同書は、伊勢神宮（内宮）の儀礼をまとめた九世紀初めの書物であるが、そこには陰暦二月の行事として、一年の農作始めの儀式が記されている。それによると、年間の農作業を開始するにあたり、まずは神職の人間が「忌鍬《いみくわ》」で「御刀代田《みとしろた》」を耕す。「忌鍬」とは清浄な鍬、「御刀代田」とは神に捧げられた田地のことで、要するに、その年の農事のはじまりを告げる神聖な鍬入れの儀式をあらわしている。これは歌や舞をともなう荘重な儀式で、その実施をきっかけに、一般の百姓も自分たちの田地を耕しはじめるという。聖なる鍬入れ儀式を合図として、地域全体で「耕」の作業がいっせいに開始されるのである。

これは、伊勢の神郡（度会郡《わたらい》）における特殊な例であるが、農事の起点となる「耕」が、何らかの祭儀をともなう特別な作業であったことは、おそらく各地の共同体に共通する事実であろう。人間労働をあらためて地面に刻印し、冬のあいだ眠っていた大地の生産力を呼び覚ますシンボリックな行為として、「耕」の作業に特殊な意義が見いだされていたことは、想像に難くない。

そうした「耕」の性格を、さらに明瞭にうかがわせるのは、平安時代の「田打ち」にかかわる習俗である。「耕」の作業は、重い鍬を地面に打ちつけるような労働なので、「田打ち」とも呼ばれていたが、この田打ちについて、平安時代の実態を、戸田芳実がくわしく追究している（戸田・一九七六）。それによると、田打ちの作業は、陰暦二月・三月を中心とする長期間の労働で、当時の荘園では一般に、この重労働をなしとげた人物に、その土地の年中の諸権利を認めることになっていた。しかも、同じ時期に田の神の祭りがおこなわれたらしく、田打ちの労働はその神事のなかに組みこまれていた可能性もあるという。奈良時代以前の実態はよくわからないが、シンボリックな行為としての「耕」＝田打ちの作業が、神事に近い意味をもっていたことは十分に考えられよう。

　この「耕」に続いておこなわれるのが、「種」＝播種の作業である。これについては、天津罪のひとつである「シキマキ」が手がかりとなる。シキマキは「重播」「頻蒔」などと表記され、一度種がまかれた田地に、他人が重ねて種をまく行為をさす。本来の所有主の権利を侵害しようとする不正行為であるが、その前提には、実際に種まきした人物を、その土地の年中の権利者として最終的に認定する社会慣行があったと考えられる。もともとは、田地に直接種をまく方法、いわゆる直播《じきま》きに対応した伝統的慣行であるが、田植えが普及してからは、苗代《なわしろ》への播種ではなく、本田への田植えが「種」とみなされるようになった（荒木敏夫・一九七四）。この田植えが歌舞をともなう一種の神事であったことは、改めていうまでもない。作物の生命を大地に植えつける根源的な行為として、「種」の作業にも、「耕」と同じく特別な意味が認められていたのだろう。

以上のように、一連の農作業のなかでも、「耕」「種」はとりわけ重要な意味をもっており、この二つの作業をともに実践すれば、法的にも社会的にも、その土地の実際の使用者として確実に認められた。そして、それらの作業の成果として、秋の収穫を自分のものにすることができた。こうした土地使用の事実を毎年積み重ねていくことで、所有主はみずからの地位を維持していったのである。

宗教性と実践性

以上をまとめると、次のようになるだろう。開発の労働投下＝「加功」によって、それまで無主であった土地を所有できるようになるが、所有主がその地位を維持するには、実際の土地使用を毎年継続していかなければならなかった。まず年のはじめに、クシ（串）を刺し立てたり、ナワ（縄）を張ったりして、その土地が自分の占有下にあることを他者に告示する。そのうえで、「耕」（＝耕起）・「種」（＝播種）を指標とする実際の使用をおこない、土地所有を現実のものとして他者に認知させる。そして、一連の使用の成果として、秋の収穫物を自己のものとして取得する。このプロセスを毎年くりかえすことで、所有主は持続的かつ安定的な土地所有を実現していくのである。

このような土地所有のあり方は、二つの意味で古代的な特徴をもっているといえよう。ひとつは、所有秩序の形成に神の権威が介在しているという点である。先にみたように、クシ・ナワによる占有表示や、「種」による権利認定の慣行は、それらを悪用した不正行為を生みだしていた。それがクシザシ・アゼナワ・シキマキという天津罪であるが、重要なのは、これらが祓《はら》えの対象となる宗教的な罪だったことである。九世紀の編纂とされる儀式書に、「祓詞《はらえことば》に云《い》わゆる天つ罪・国つ罪の類は、みな神の穢《けが》れとするところ、悪《にく》むところなり」（『儀式』巻四）とあるように、天津罪に含まれる農作の壊乱行為は、神の嫌悪する穢れをもたらすがゆえに、祓えを必要とする重大な罪とされた。土地の所有秩序を維持しているのは神の権威であり、その神威による秩序を破壊するからこそ、クシザシ・アゼナワ・シキマキは祓い除くべき罪とされたのだろう。

このことを的確に指摘したのは、法制史学者の石井良助であった（石井・一九九二）。祭祀のときに、結界のためのクシ＝斎串《いぐし》を地面に刺すことがあるが、土地の占有表示のためのクシには、この斎串と同じ性質がみとめられる。占有標識としてクシを刺し立てるのは、その土地を神に保護された一種の聖域として結界することにほかならない。ナワを張って占有表示するのも同じで、さながら神域を注連縄で区切るように、その土地を神に守護された空間として結界しているのである。石井はこうした点に注目し、「法と宗教とが未分離」であった時代には、土地所有の権利が神によって保護されていたことを強調している。このような土地所有の宗教性は、基本的には律令制以前の伝統的共同体に特徴的なものだ

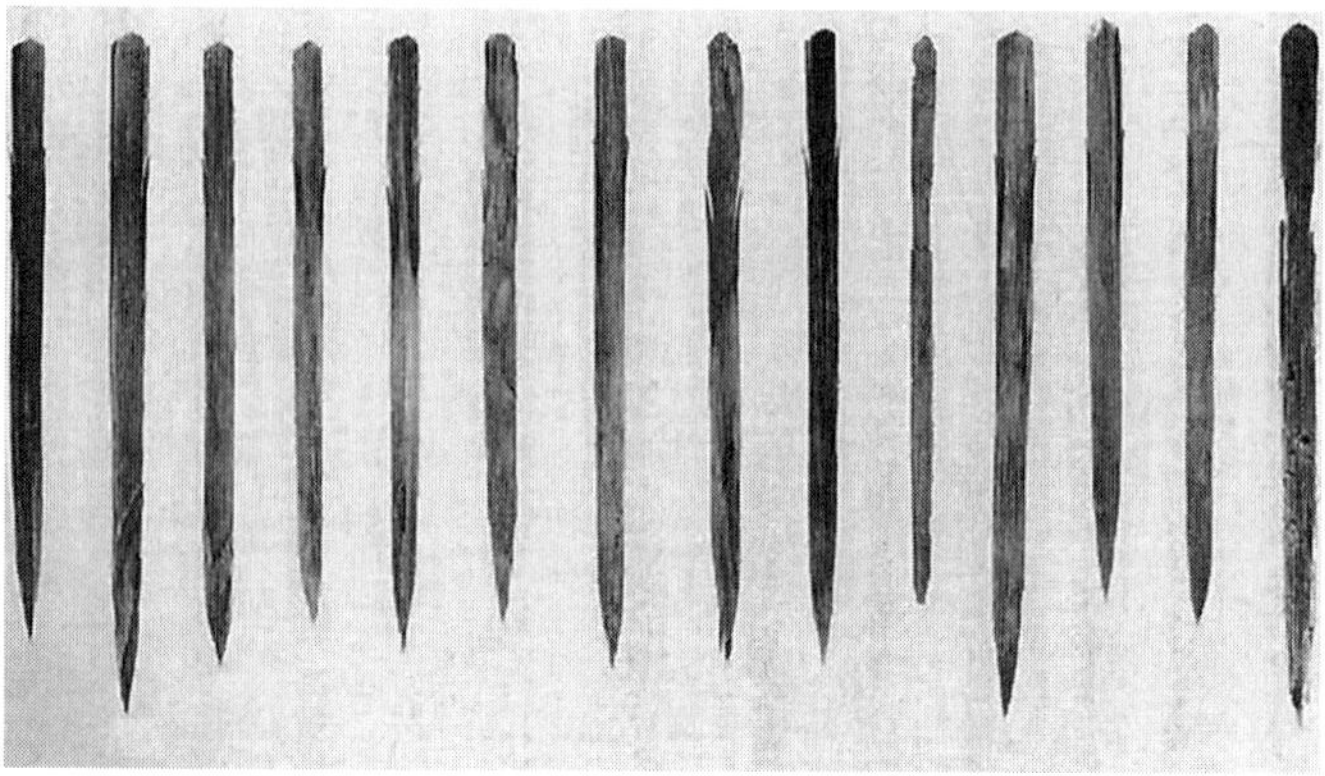

図14　斎串（砂入遺跡出土，兵庫県教育委員会所蔵）

ろうが、律令祭祀である大祓に天津罪の観念がみえることからすると、律令制の時代にも、社会の基層部分に根づよく残っていたとみてよいのだろう。

もうひとつは、土地所有が抽象的な権利になりきっておらず、「耕」「種」を中心とする現実の土地使用によって、所有主の権利が具体的に確認されなければならなかった、という点である。たしかに律令制の時代になり、国家の土地台帳として田籍《でんせき》・田図《でんず》が作成されるようになると、そこに土地が登記されることによって、所有主の権利は国家的な保護を受けるようになった。たとえば、田地を使用せずに三年以上荒廃させると、他人に使用の権利が発生するが、それでも一定期間、他人の使用を許したあとは、もとの所有主にその田地を返還することになっていた（田令29荒廃条）。土地に対する所有主の権利は、国家の法的保障によって、ある程度不変的なものとして維持されるようになってはいたのである。

しかし実態としては、使用を継続せずに田地を荒廃させてしまうと、国家の土地調査（校田《こうでん》）のさいに収公されるようなことも少なくなかったらしい（『続日本紀』延暦十年五月戊子条）。所有主によって実際に使用されていない土地は、国家による恣意的没収の可能性にさらされざるをえなかった。つまり、所有主として一度登録されると、何もせずとも永久不変の権利を享受できるというわけではなく、やはり、その土地を現実に「耕」「種」しつづけることで、みずからの権利を実践的に証明していかなければならなかったのである。このような意味での権利の実践性が、古代の土地所有のもうひとつの特徴だったといえよう。

土地売買の世界

土地所有の問題と密接にかかわるのが、土地売買である。売買とは一般に、所有権の移転にほかならないからである。ここでは、土地売買の制度と実態をみることで、古代の土地所有観念をさらに深く追究していこう。

売買の国家管理

まず重要なのは、古代の日本において、土地売買は厳格な国家管理のもとにあったという事実である。これは、すべての土地の所属関係を国家が把握しているという、「国家的土地支配」のたてまえによっている。古代の中国でも土地売買は国家が管理していたが、日本における管理の強さは、それとは比較にならないほどであった。この違いは、中国と日本のあいだで、土地売買の発達時期が大きく異なっていたことと関係している。

中国法制史の大家であった仁井田陞《にいだのぼる》によれば、中国では周王朝の末期に早くも土地売買がみられ、漢《かん》代や三国（魏《ぎ》・呉《ご》・蜀《しょく》）時代には、自由な土地売買が広くおこなわれるようになっていた（仁井田・一九六〇、同・一九三七）。その後、南北朝時代の北魏において、いわゆる均田制《きんでんせい》が創始され、隋《ずい》・唐《とう》代にかけて、国家の強力な土地支配体制が整えられていく。つまり中国では、国家による全面的な土地支配が確立するまえに、すでに民間において土地売買の世界が大きく開花していたのである。さきに発達していた実態に、国家権力があとから規制を加えるというのが、古代中国における土地売買の歴史であった。

いっぽう日本では、班田制《はんでんせい》をはじめとする国家の土地支配体制が成立したあと、墾田開発の進展とともに、土地売買も発展していく、という歴史をたどった。土地売買の実例は、八世紀半ばの天平年間から確認できるようになるが、これは三世一身法や墾田永年私財法によって、この時期に民間の墾田が大幅に増えてきたことと、おそらく関連している。八世紀初頭以前に、土地売買がどの程度おこなわれていたかは不明だが、中国ほど社会に定着していなかったことは確かであろう。古代日本では、「国家的土地支配」の体制がさきに導入され、その枠組みのなかで民間の土地売買が展開することになったのである。

こうした中国と日本の違いは、土地売買に関する律令の規定にもあらわれている。国家から百姓に分配される口分田《くぶんでん》が、原則として売買禁止であったことは、中国の均田制でも日本の班田制でも変わりがない。唐代の律には、口分田の売却者に対する明確な処罰規定があったし（戸婚律《ここんりつ》14売口分田条）、日本の律では、一年をこえる土地貸借すら処罰対象になっていて、口分田の売買はいうまでもなく認められていなかった（戸婚律過年限賃租田条）。しかし、土地関係の条文をまとめた田令《でんりょう》をみると、中国と日本のスタンスには無視できない違いがあった。

すなわち、唐の田令は、口分田の売買禁止を原則としながらも、土地の少ない地域（狭郷《きょうごう》）から多い地域（寛郷《かんごう》）に移住したり、住宅・店舗などの費用に充てたりするときは、口分田を売却してもよいとの規定を設けている（天聖令《てんせいれい》付載唐田令17条）。また、土地を買いれる場合には、所定の限度額（面積）内に収めよとの規定もあり、土地売買を当然のこととして想定している（同唐田令18条）。ところが日本の田令は、これらの規定をすべて削除しているのである。唐の律令は、土地売買が一般的に存在することを前提とし、口分田が売買される可能性すら認めていたが、日本の律令は、そのようなスタンスをあえて採用しなかった。律令制定時の日本では、活発な土地売買を許容することよりも、国家による土地支配を徹底することのほうが優先されたのだろう。

売券のかたち

このような事情から、日本では中国以上に、土地売買が厳しい国家管理のもとに置かれることになった。それを端的に物語るのが、土地売買証文のあり方である。日中ともに土地売買をすると、その事実を証明する文書をつくり、それを買主の権利の根拠とした。この土地売買証文を、日本では一般に「売券《ばいけん》」と呼び、それを作成することを「立券《りつけん》」（券文《けんもん》を立つ）と称した。日本の土地売買の大きな特徴は、この立券のプロセスに、官司が直接関与してくることにあった。

少し長くなるが、典型的な売券をひとつ挙げてみよう。

添下《そうのしも》郡司解《げ》し申す、墾田を売買し、券文を立つる事。
　合わせて墾田伍段陸拾歩。（以下、墾田の所在地）
右、右京三条一坊の戸主正七位下上毛野朝臣奥継の戸口《ここう》同姓弟魚子の解状《げじょう》を得る
に偁《い》わく、己が墾田、価直の銭拾弐貫文を充て、常地に右京九条一坊の戸主従七
位下陽侯忌寸弟永の戸口同姓広城に与え売ること已《すで》に畢《おわ》んぬ。仍《よ》って売買両人署
名を勒し、券文を立つること件《くだん》の如《ごと》し。以《もっ》て解す。
売人上毛野朝臣弟魚子
「毀」　相売人戸主内舎人正七位下上毛野朝臣奥継
買人陽侯忌寸「広城」
大同元年十二月十日　擬主帳矢田造□
大領正八位下大和連「志貴麻呂」
擬少領大初位上刑部「国堅」

13 国判立券参通 一通は国に留む。一通は郡に置く。一通は今主に給う。
14 大同二年五月三日　少初位下守少目勲七等大伴宿禰「真長」
15 従五位下守守藤原朝臣　正六位下行大掾安倍朝臣
16 従五位下行介勲七等笠朝臣「庭麻呂」　正六位下行少掾石川朝臣
17 従七位下行大目膳大伴「梶足」

（『平安遺文』二九号文書）

大同元年（八〇六）に、上毛野弟魚子と陽侯広城という人物が、墾田を売買したときの売券である。立券の手続きは、まず売主である弟魚子が、売買の事実を官司に申告することから始まる。その申告書（3行目の「解状」）によると、弟魚子は銭二〇貫文を代価として、みずからの墾田五段六〇歩を広城に売却したという（4~5行目）。この申告を受理したのは、墾田が所在する大和国添下郡の郡司で、かれらが事実関係を確認し、売買両当事者の署名（7~9行目）をとって、売券の本体部分を作成したのである（1~12行目）。そこには大領（郡の長官）以下の署名があるので（10~12行目）、この売買は郡司によって承認されたことになる。

さらに添下郡司は、作成した売券を、上申文書（解）として大和国に提出した。そして文書の末尾に、大和国司による決裁文言と、それを裏書きする署名が加えられた（13~17

行目)。こうして国司の承認を得ることで、売券は最終的に完成し、本件売買は正式な取引として成立したのである。完成した売券は、同じ内容のものが三通作られ、国・郡・買主に、それぞれ一通ずつ所持された(13行目)。売買当事者である買主と、売買を承認した上下の二官司が、証文としての売券の効力を分有したわけである。

ここには、①売買当事者による申告、②郡司による事実確認と下位の承認(郡判)、③国司による上位の承認(国判)、という三つの過程があらわれている。これが、古代日本における立券の基本的なプロセスであった。右の例では、②の段階で、郡司によって売券の本体が作られているが、場合によっては、①の段階で売主が売券の本体をつくり、それに郡司と国司が承認の文言・署名を加えることもあった。いずれにせよ、日本古代の土地売買では、官司(国・郡)の承認を経ないと、売買証文そのものが完成しなかったのである。このような意味で、公文書的な性格を帯びていた日本古代の売券を、中田薫は「売買公券」と称している(中田・一九四三a)。

これに対して、中国古代の土地売買証文は、基本的に「売買私券」として作成された。証文そのものは、私的契約文書として売買当事者間の合意のみで完成し、官司にはその内容を書面で届け出るだけでよかった。土地売買を官司が管理するのは日本と同じだが、証文の作成過程にまで官司が関与してくるようなことはなかったわけである(仲森明正・一九八八)。古代中国において、土地売買はまず自律的な私人《しじん》間取引としてあり、国家権力はそれを緩やかに規制するにすぎなかったのだろう。古代日本においては、それとは対照的に、土地売買が国家権力の介在なしには成立しえなかったのである。ここには、すでにあった「文明」社会のうえに律令国家がきずかれた中国と、律令国家の主導で社会を「文明化」しようとした日本との、大きな歴史の違いがあらわれている。

売買と土地の回帰性

このような状況のなかで、日本でも、八世紀半ばから土地売買の実例が増えていった。そこには、どのような土地所有観念が見いだせるだろうか。注目したいのは、「売買」あるいは「売る」という言葉の、古代独特の使われ方である。

「売買」「売る」という言葉を聞いたとき、われわれが思い浮かべるのは、未来永劫にわたる全面的な権利の譲渡である。売主はみずからの権利を完全に放棄し、買主はその権利を永久に自己のものとする。いわゆる永代売買である。古代にも、「売買」という言葉はこれに近い意味で使われていたが、もうひとつ、それとは異なる意味で使われる場合があった。というより、永代売買としての土地売買が社会に広まるまでは、むしろ別の意味で「売買」の語を使うことのほうが一般的であった。それは、期間を限定した土地貸借、という意味である。

古代には、一年を単位として土地を貸し借りする経済慣行が広くおこなわれていた。一年限りの小作契約といってもよい。この土地貸借の慣行が、一般に「売買」「売る」と呼ばれていたのである。同じ意味の法律用語として「賃租《ちんそ》」という言葉もあったが、こちらはあまり普及しなかった。大化改新のときに、有力者が百姓に土地を貸しつけて地代をとることを禁止しているが、『日本書紀』には「地を売ること得ざれ」とあって、土地貸借のことを「売る」と表現している（大化元年〈六四五〉九月甲申条）。また、土地貸借のさいに契約書が作られることがあったが、その貴重な実例をみても、貸借の行為はやはり「田を売る」と表現されている（天平宝字三年〈七五九〉六月十日大和国城下郡田地売買券）。「売買」「売る」という言葉で、期間限定の土地の貸し借りをあらわすのは、きわめて常識的なことであった。

貸借の場合、貸主はみずからの権利を永遠・完全に手放すことはない。所定の期限をむかえると、土地は貸主のもとに戻ってくる。貸主＝所有主と土地との関係は失われることなく、貸借のあいだも維持されている。古代には、こうした事象まで「売買」の概念に含まれていたのである。「売買」という概念は、永代売買としての土地売買と、期間限定の土地貸借の二つを包みこむものであった。ということは、土地売買と土地貸借には、同じ「売買」としての共通性があったということである。その共通性とはなにか。古代の土地所有研究に大きく貢献した吉村武彦が、この点にひとつの答えを与えている。

吉村が注目したのは、いわゆる「悔返《くいかえ》し」である。悔返しとは、物件を完全に譲り渡したあとに、その物件の返還を求めることをいう。古代の土地売買では、この悔返し、つまり売却地の取り戻しが一般的に認められていた形跡がある。八世紀末に長岡京を造営するとき、国家はその用地として百姓の土地を買いあげた。その売却地に対して、百姓たちが悔返しをしようとしたらしく、国家はそれを禁止する法令を出している（『日本紀略』延暦十二年〈七九三〉十二月戊戌条）。この一件は、永代売買のあとでも、その土地を取り戻せるとする観念が、当時の百姓のあいだに定着していたことを物語っている。

ここに吉村は、〈売主→買主→売主〉という土地の回帰のサイクルを見いだした。永代売買によって土地は買主の手にわたるが、やがては売主の手にもどることを期待されている。古代の「売買」という概念には、このような土地の回帰性が含意されている。とすれば、期間限定の土地貸借が「売買」の概念でとらえられることは理解しやすい。土地貸借も同じように、〈貸主→借主→貸主〉という回帰のサイクルを内包しているからである。土地貸借の場合は期限が決まっており、永代売買の場合は期限が決まっていない、という違いはあるが、どちらの場合も、本来の所有主に土地が戻ることを想定している点では変わりがない。土地の貸借と永代売買は、ともに本主への土地の回帰を前提としているために、

「売買」「売る」という共通の言葉であらわされた、というのである（吉村・一九七八）。

古代の土地売買は、たしかに永代売買としておこなわれていた。売買によって、売主＝所有主の権利は、全面的かつ無期限に買主のもとに移動した。それでも、本来の所有主＝本主と土地との関係は失われず、本主に土地が取り戻される可能性は潜在的に持続していた。吉村の考えを展開すれば、このようになるだろう。要するに、本主と土地とのあいだには、法的権利の次元に収まらない、特別な結びつきがあったということである。

感情的・宗教的な結びつき

永代売買した土地を取り戻すとは、具体的にはどういうことか。本主自身あるいはその関係者が、当初の売買代価にあたる額を買主側に支払って、売却した土地を買い戻すのである。その痕跡はほとんど残っていないが、貞観十八年（八七六）三月七日付の左京十師吉雄田地売券（『平安遺文』一七一号文書）をみると、たしかに本主側による売却地の買い戻しがおこなわれていたことがわかる。

売券の本文によると、貞観十八年に、貞観銭二貫五〇〇文を代価として、土師吉雄から善淵弘岑に土地が売却された。ところが、売券の余白に追記があり、仁和二年（八八六）になって、「本主の所由」である中臣弥春・珍継雄らが、善淵弘岑から土地を「買い返し」たことが書かれている。この「買い返し」の際には、新たに売券を作ることはせず、過去の売券をそのまま中臣弥春・珍継雄らに返却したという。詳しいことはわからないが、どうやら土師吉雄のまえに本来の所有主がいて、〈本主→土師吉雄→善淵弘岑→本主の所由〉というプロセスで、最終的に土地の買い戻しがおこなわれたらしい。「所由」とは関係者という意味なので、何らかの縁者の手によって、かつての売却地が本主側に取り戻されたことになる。このとき新たな売券が作られなかったことは、本主側による買い戻しが、新規の売買とはみなされていなかったことを示すのだろう。つまり、本主側への土地の回帰は、将来の可能性として、当初の売買に織りこみ済みであったと考えられる。

かつては、このような土地の取り戻しについて、不動産質《しち》という観点から理解しようとする見方もあった。古代の永代売買は、実際は債務にともなう土地の質入れであり、買主＝債権者に負債を全額返済すれば、質物の土地は売主＝本主のもとに戻るというのである（菊地康明・一九六九）。しかし、永代売買が質入れであったことを示す明確な史料はなく、現在のところ、土地の取り戻しは、本主と土地との「感情的・宗教的」な結びつきによるものとする説が有力である（坂上康俊・一九八六）。おそらく本主と土地との関係には、法的レベルと感情的・宗教的レベルがあり、永代売買によって前者の権利は失われるが、後者のつながりまで消えてしまうことはなかった。そして、永代売買から時間がたっても、条件さえ整えば、後者のつながりにもとづいて、前者の権利を回復することも可能であった、ということなのだろう。

「常根」の力

ただし、この点についてはもう少し丁寧に考えをめぐらす必要がある。それをうながすのは、「常根」というユニークな言葉である。天平宝字五年（七六一）十一月二十七日付の大和国十市郡司解は、東大寺を買主とする売券であるが、たとえば、ここに「上件の地の常根を絶ちて沽《う》り与う」という表現がみえる（『大日本古文書』東南院文書之三・五九八号文書）。また、弘仁十四年（八二三）十二月九日付の近江国坂田郡長岡郷長解は、百姓どうしの墾田売買にかかわる売券であるが、ここにも「常根を切りて墾田を売買す」という文言がみられる（『唐招提寺史料』第一・一〇一号文書）。本主と土地とのあいだには、「常根」と呼ばれるつながりがあり、永代売買の際には、そのつながりを「絶つ」あるいは「切る」ことになるというのである。

正確な語義を明らかにするのは難しいが、おそらく「常根」とは、文字どおり大地に根を張るような、人と土地との恒常的なつながりをいうのだろう。そうしたつながりを絶ち切って、土地を根こそぎ売りはらうのが、永代売買という行為であった。中田薫はその性質をあらわすのに、「絶根売買」という言葉を使っている（中田・一九四三b）。

これに関連するものとして、古代の売券には、「常土」「常地」を切って売却する、という表現もしばしばみえている。やはり本主と土地とのつながりに関わるもので、「常根」によって本主と強固に結びついている土地が「常土」「常地」なのであろう。それを「切る」というのは、「常根を絶」つのと同じく、本主の人格と土地との関係を切断することを意味したらしい（松田行彦・二〇〇二）。つまり、ここでも永代売買は、本主と土地との堅固なつながりを絶ち切る行為としてとらえられている。

「常根」あるいは「常土」「常地」という言葉であらわされる、本主と土地とのつながりには、感情的・宗教的レベルが含まれる可能性が高いと思われる。「根」という語が、単なる法的権利のレベルを超えるような、ある深度のニュアンスをもつだろうからである。とすれば、「絶根売買」としての永代売買によって、本主と土地とのつながりは、感情的・宗教的レベルも含めて、まるごと絶ち切られるということになる。永代売買という行為自体は、あくまでも、本主と土地とのあいだを完全に切り離そうとするものなのだろう。にもかかわらず、土地の取り戻しがありえるということは、それでもなお、本主と土地との感情的・宗教的つながりが生き延びていることを意味する。比喩的にいえば、「絶根売買」によっても絶やし尽くせなかった感情の「根」が残っていて、後々まで本主と土地とを執拗に結びつけようとする、ということになろう。それほどまでに、本主と土地との感情的・宗教的つながりは強いものであった、と解釈せざるをえないのである。

「全体的社会事象」としての土地所有

以上、売買の問題をとおして、所有主＝本主と土地との結びつきには、法的権利のレベルと感情的・宗教的なレベルが存在するであろうことをみてきた。そのうち、後者のレベルの結びつきが、馬淵東一のいう「呪術的・宗教的土地所有権」にかかわることは、改めて述べるまでもない。そして、法的権利のレベルは国家による保障の次元、感情的・宗教的レベルは共同体による承認の次元と、ほぼ重なり合うとみてよいだろう。このような二つのレベルの所有意識が、不可分に結合して、全体としての古代の土地所有を形成していたと考えられる。

ここで思い起こされるのは、人類学者マルセル・モースの「全体的社会事象」という概念である。社会事象のなかには、法・宗教・道徳・政治・経済といった個別の領域に還元できないものがある。そうした事象の性質を、モースは「全体的」と表現した。古代の土地所有は、まさにこのような意味での「全体的」事象として捉えることができるのではないか。法的レベルと、呪術的・宗教的・感情的レベルが、一体になったものとしての古代の土地所有。「常根」という言葉はおそらく、そのような「全体的」土地所有観念を表現しようとするものなのだろう。

本章前半の議論に立ちかえれば、ひとつの土地に「常根」をきずき、「全体的」所有を実現するのに必要なものこそ、開発と使用の労働実践にほかならなかったと考えられる。

開発のための「加功」をし、「耕」「種」を中心とする使用の事実を積み重ねることで、あたかも所有主の人格が大地に根を張るかのように、二つのレベルにわたる強固な土地所有が実現されるのであろう。とくに、呪術的・宗教的・感情的レベルの土地所有は、自身が根ざした大地への愛着ともいうべきもので、倦まずに耕し、種をまくという労働実践のくりかえしが、それを深めたことは間違いないと思われる。土地と人間を結びつける強靭な紐帯は、大地への実践的な働きかけを通じて獲得されるものだったといえよう。

大地の禁忌

犯土と土公

新たな禁忌意識

吉備真備《きびのまきび》（六九五～七七五）は、有名な藤原広嗣《ふじわらのひろつぐ》の乱で、広嗣から追放対象として名指しされるなど、奈良時代の政界に重きをなした有力貴族として知られる。この人物について見逃せないのは、彼がさまざまな中国文化に精通した、当代一流の知識人であったという事実である。

真備は霊亀二年（七一六）に入唐留学し、広く学芸をおさめて、天平七年（七三五）に帰国した。典礼・暦法・音楽に関する書物など、多彩な文物を中国から持ちかえり、朝廷に献上したことが知られている（『続日本紀』天平七年四月辛亥条）。中国文化のさらなる移植のために、それらは貴重な材料として利用された。真備自身、このときの舶来書である「唐礼《とうれい》」をもとに、儒教の先人をまつる「釈奠《せきてん》」の儀礼を整備している。日本社会は八世紀後半から本格的に唐風化していくが、真備はその流れに大きく貢献した人物のひとりであった。

この吉備真備の晩年の著作に『私教類聚《しきょうるいじゅう》』がある。三八条からなる家訓書で、儒教的徳目や仏教的戒律の尊重、実学的知識の重視などを説いている。そのなかに、「筮占《ぜいせん》を知るべき事」という一条があり（第三四条）、「時、土王《どおう》に至らば、恣《ほしいまま》に犯土《ぼんど》せず。是のごときの類、事ごとに知るべし」と記されている。占いの対象となる禁忌で、一応の知識を備えておくべきものとして、「土王」における「犯土」が挙げられているのである。

「土王」とは、いわゆる土用のことで、土気《どき》（土のエネルギー）が強くなる特定の期間をさしている。中国で生まれた五行説《ごぎょうせつ》の思想による、ひとつの時季区分である。五行説では、世界のあらゆる現象が「木」「火」「土」「金」「水」の五つの要素によって説明される。この五つの要素を一年（三六〇日）の季節にあてはめると、春・夏・秋・冬のそれぞれ七二日が木・火・金・水に、残りの七二日が土に相当する。土の七二日は四季に配分され、立春・立夏・立秋・立冬に先立つ各一八日が、土用＝土王の期間とされるのである。

土用のように土気が活発になるときは、土の扱いに慎重でなければならない。そうした考えにもとづくのが、「犯土」と呼ばれる禁忌である。文字どおり「土を犯す」という意味で、具体的には、地面を掘りかえす行為を主にさす。建物の造作などで地面を掘削すると、危険な土のエネルギーを刺激することになるので、そうした行為を「犯土」と名づけ、用心深く避けようとしたのである。中国・三国時代の書物『裴氏新言《はいししんげん》』（『玉函山房輯佚書』所収）には、「犯土」によって少女が病気になったという話がみえており、中国では古くから、不用意な土の扱いを凶事の原因のひとつに数えていたことがわかる（坂出祥伸・二〇一二）。『私教類聚』の記述は、そのような中国を起源とする禁忌の観念が、奈良時代の日本にも浸透しつつあったことを示している。

こうした動向をうながした要因のひとつは、おそらく国家による暦の頒布であろう。律令国家が成立すると、暦博士《れきはかせ》のいる陰陽寮《おんみようりよう》で毎年暦を作成し、中央・地方の官庁に配布するようになった。「頒暦《はんれき》」と呼ばれる制度である。その暦は、それぞれの年月日について、細かい吉凶の注意書き（暦注《れきちゆう》）がある具注暦《ぐちゆうれき》で、いうまでもなく中国の暦法にもとづいて作成されていた。奈良時代の具注暦の実物は、断簡ではあるものの、正倉院文書や各地で出土した漆紙《うるしがみ》文書にみることができる。そのひとつに、天平勝宝八歳（七五六）の具注暦があり（正倉院文書・続修一四）、「その地、穿鑿《せんさく》・動土すべからず」という注意書きがみえる。土木工事などで地面に穴を掘ったり、土を動かしたりすることを戒めるもので、犯土の観念が、こうした具注暦の記載を介して、人びとに受容されていったことをうかがわせる。奈良時代には、吉備真備に代表されるような中国文化に明るい貴族層を中心に、大地をめぐる新たなタイプの禁忌意識が広まりつつあったといえよう。

土公の伝来

土のエネルギーとしての土気は、ひとつの神格と結びついてイメージされていた。大地をつかさどる地神としての「土公」（どこう・どくう・つちぎみ）である。「土公神」（どくじん）とも呼ばれる祟り神であり、これが地中にいて、土気をコントロールしていると考えられた。犯土とは、この土公の尊厳を傷つけ、その祟りを

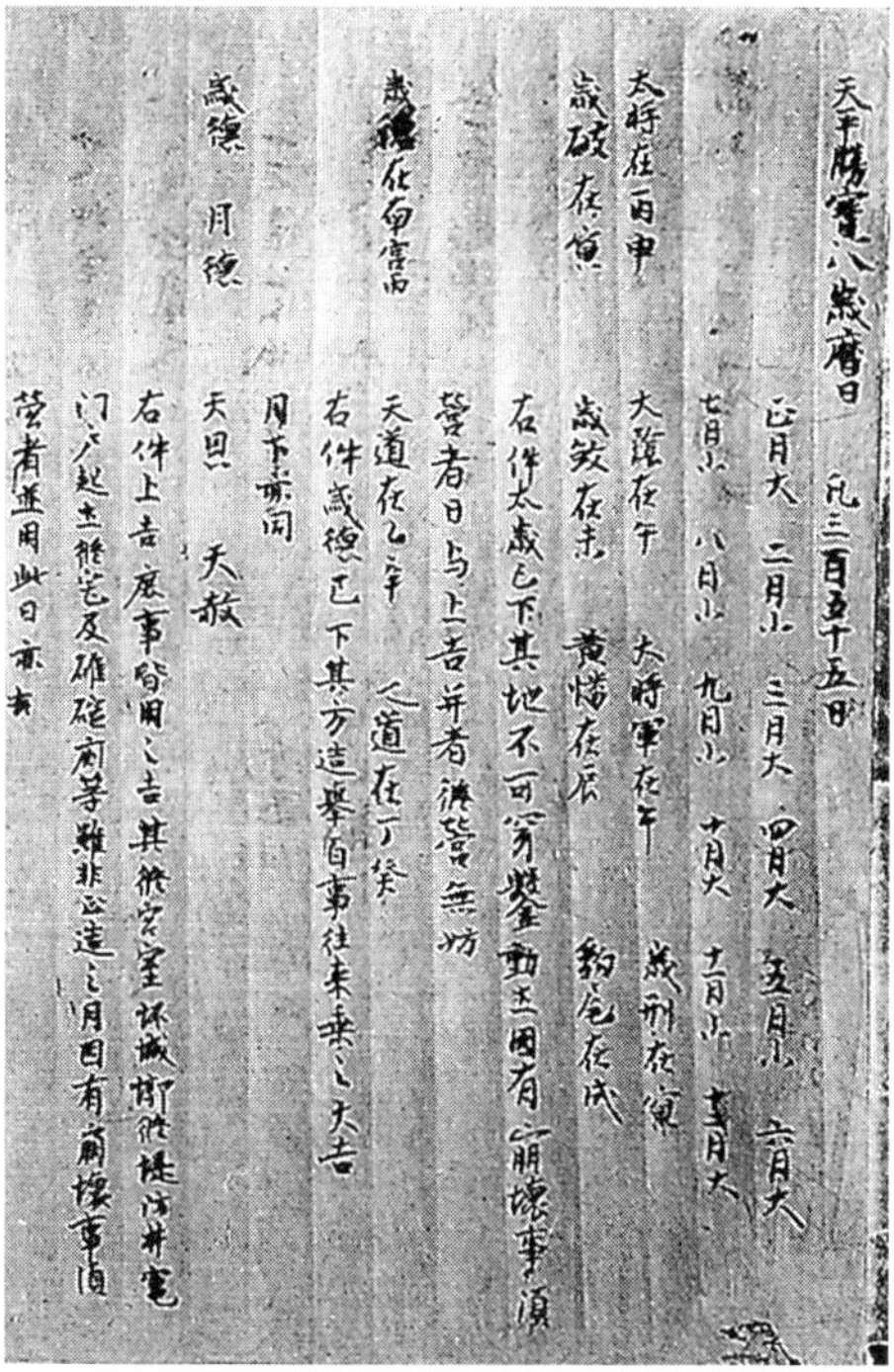

図15　天平勝宝八歳具注暦（部分，正倉院文書）

招くような危険行為にほかならない。

さきに触れた三国時代の『裴氏新言』には、すでに「土公」という神名が明記されていて、土を動かして土公に祟られたために、少女が病気に罹ってしまったとある。犯土によって土公を害すると、その祟りによる土気のマイナス作用で、疾病という凶事がもたらされることを示している。古代の中国では、大地をめぐる禁忌意識の中心に、土公という地神＝祟り神の存在があり、その神格の安寧を侵さないようにするために、周到なタブーの網の目が張りめぐらされていたのである。

土公の特徴については複数の所説がみられるが、基本となるのは、地中を住み処としながら季節ごとにその居場所を変える、という性質であろう。一〇世紀前半の漢語辞書『和《わ》名類聚抄《みようるいじゆしよう》』や、一二世紀前半の陰陽書『陰陽雑書』は、『董仲舒書《とうちゆうじよしよ》』『尚書暦』という中国書を引用して、春には竈、夏には門、秋には井戸、冬には庭が、土公の居場所になると説明している。それぞれの季節のあいだ、土公のいる場所では、犯土にあたる行為を慎まなければならないのである。土公をめぐる犯土の禁忌は、このように、時間的要素と空間的要素の組み合わせによって成り立っていた。

ここで典拠とされている『董仲舒書』『尚書暦』は、ともに散佚した書物で、その全容を知ることはできないが、九世紀末の漢籍目録『日本国見在書目録』に「尚書暦」という書名がみえるので、同書は九世紀までに日本に伝来していたことがわかる。『董仲舒書』は、前漢の儒学者・董仲舒が陰陽五行説をふまえて著した書物か、彼に仮託された偽書とみられるが、『日本三代実録』貞観元年（八五九）八月三日丙戌条にみえる「董仲舒祭法」と関係があるとすれば、やはり九世紀半ばには伝来していたことになる。八世紀から九世紀にかけて、中国の陰陽五行系の書物が伝来するなかで、土公に関する具体的知識も普及していったのだろう。

土公の居場所については、季節ではなく日にちを区切りとした、もうひとつの変化のパターンも伝えられている。『小右記《しょうゆうき》』（藤原実資《ふじわらのさねすけ》の日記）寛仁四年（一〇二〇）十月二十三日条には、中国書とみられる『雑暦』という書物が引かれているが、それによれば、土公は甲子《かっし》の日に地中を抜け出して、北の方角をさすらい、庚午《こうご》の日にふたたび地中に戻ってくる。同じように、戊寅《ぼいん》の日からは東にさすらって、甲申《こうしん》の日に地中にもどり、甲午《こうご》の日からは南にさすらって、庚子《こうし》の日に地中にもどり、戊申《ぼしん》の日からは西にさすらって、甲寅《こういん》の日に地中に戻ってくるという。干支がひと回りする六〇日間をサイクルに、土公は地中を出たり入ったりして、東・西・南・北の四つの方角を遊行《ゆぎょう》するというのである。

先にあげた一二世紀前半の『陰陽雑書』は、『新撰陰陽書』という中国書を引用して、土公が遊行する方角では、門戸の造作をすべきではないと説いている。いうまでもなく、犯土の禁忌を避けるためである。この『新撰陰陽書』という書物は、唐代の陰陽五行説を集大成したものらしく、八世紀半ばまでには日本に伝来し、陰陽寮の学生たちの必修書に指定されている（『続日本紀』天平宝字元年〈七五七〉十一月癸未条）（山下克明・一九八二）。中国からの陰陽五行書の伝来を通じて、八世紀の日本社会の少なくとも一部に、土公をめぐる精緻な理論が知られるようになっていたことは、間違いないだろう。

夜刀神《やとのかみ》のような日本在来の地神が、素朴な畏怖感情を喚起する原始的な神であったとすれば、中国伝来の土公は、明確な理論体系にもとづいてタブーを強制する、いわばモダンな神であった。中国文化の本格的な受容とともに、日本社会には新たな性格の地神が定着していったのである。

地神との土地売買

土公が大地を支配する地神であったことは、買地券《ばいちけん》の習俗によくあらわれている。買地券とは、墓地を買ったことを鉛・磚《せん》・石・玉《ぎょく》などに刻銘した土地売買証文の一種で、被葬者とともに墓中に埋納されるものである。墳墓の安泰をねがう意味があるので、墓券とも呼ばれる。後漢時代に一般的なものとなり、三国時代から南北朝時代にかけて、中国全域で日常的に作成された（池田温・一九八一）。

買地券の文面は、後漢時代と三国時代のあいだで大きく変化する。後漢時代までの買地券は、その内容がきわめて現実的で、記載された売主の名前、土地の面積・範囲などは、実際の売買事実を反映している可能性が高い。ところが、三国時代以降には、記載内容はほとんど架空のものになって、さまざまな神を売主としたり、売買代価を九万九千九百九十九文としたり、土地の境界を青龍《せいりゅう》・白虎《びゃっこ》・朱雀《すざく》・玄武《げんぶ》の四神《しじん》であらわしたりするようになる。買地券は、神を相手とするフィクショナルな土地売買の成約をしることで、その神に被葬者と墓地の保護を期待するという、一種の呪符《じゅふ》としての機能を担うことになったのである。こうした変化の背景には、三国時代になって道教・仏教の影響が強まり、死後の世界に対する認識が、より神秘的・呪術的になったという事情があるらしい（冨谷至・一九八七）。

このような三国時代以降の買地券において、墓地の代表的な売主として登場するのが、ほかならぬ土公なのである。たとえば、三国の呉《ご》で作成された神鳳元年（二五二）の買地券（東京大学東洋文化研究所所蔵）は、次のようなものである。

会稽亭侯并びに領銭唐水軍・綏遠将軍、土公より冢城《ちょうじょう》一丘を買う。東・南は鳳凰山巓に極まり、西は湖に極まり、北は山盡に極まる。直は銭八百万にして即日交し畢る。日月を証と為し、四時を任と為し、私約有らば律令に当たらむ。大呉神鳳元年壬申三月、莂《へつ》を破る。大吉。

神鳳元年壬申三月六日、孫鼎莂を作る。

図16　神鳳元年買地券（孫鼎買冢箚，東京大学東洋文化研究所所蔵）

孫鼎という人物が作った買地券で、墓地にする丘を土公から買ったと記されている。地神である土公の同意をえて、その土地を正当に墓地として占拠していることを確認するとともに、地下に葬られた故人の安寧維持を、地中にいる土公に永く請託《せいたく》しようとしているのだろう。ある土地を墓地として永久に確保するためには、大地を支配する土公との売買契約という形をとって、その土地を領有することの正当性を呪術的にも確証しておく必要があったのである。

このような買地券は、ごく少数ながら朝鮮半島でも発見されている。そのなかでもっとも有名なのは、百済《くだら》の国王・武寧《ぶねい》王（五〇一～五二三在位）の陵墓から出土した一品である。武寧王陵は、韓国・公州《コンジュ》市の宋山里《ソンサンリ》古墳群にあり、一九七一年に発掘調査がおこなわれた。そのさい、玄室《げんしつ》につながる羨道《えんどう》の中央で、二つの石板（ともに縦三五センチ、横四一・五センチ、厚さ五センチほど）が見つかった。ひとつが王自身の墓誌、もうひとつが王陵の買地券で、いずれも王が葬られた五二五年に作成・埋納されたものとみられる（大韓民国文化財管理局・一九七四、李宇泰・二〇一二）。

その買地券には、次のような文章が刻まれている。

銭一万文、右一件。

乙巳年八月十二日、寧東大将軍・百済斯麻王、前件の銭を以て、土王・土伯・土父母・上下衆官・二千石に訟え、申の地を買いて墓と為す故に、立券して明と為す。

律令に従わず。

乙巳年＝五二五年に、斯麻《しま》王（斯麻は武寧王の本名）が、銭一万文で土王らから申《さる》の方角の土地を買いとり、みずからの墓地にしたので、この買地券を作成し、売買の証明にするという内容である。ここで土地の売主となっている土王・土伯・土父母は、土公に類する地神であり、同じく上下衆官・二千石は、それらの地神に仕える地下世界の役人たちをさす（滝川政次郎・一九七二）。つまり、墓地の営造にあたって、地神と土地売買の契約を交わす中国の慣行が、六世紀前半の百済には確実に伝わっていたことが知られる。さらに注目されるのは、この買地券が発見されたとき、そのうえに大量の銭貨（鉄製五銖銭）が置かれていたことである。おそらく、地神に支払われる売買代価をあらわしているのだろう。買地券の埋納においては、人間を相手とする現実の土地売買にならって、代価にあたる銭貨を売主の地神に捧げる場合があったと考えられる。

日本の買地券

日本では、確実に買地券とみられるものが二例発見されている。ひとつは、福岡県太宰府《だざいふ》市の宮ノ本《みやのもと》遺跡一号墓から出土したもの、もうひとつは、岡山県倉敷《くらしき》市真備《まび》町で発見されたと伝えられるものである。

宮ノ本遺跡の買地券（太宰府市教育委員会所蔵）は、薄い鉛製の板（現存値は、縦三五・二センチ、横九・五センチ、厚さ〇・二センチ）で、火葬墓とみられる遺構に埋納されていた。九世紀頃のものとされ、次のような文章が墨書されている。

□　□　□□
□□成□死去為其□坐男好雄父母之地自宅得□方有
其地之寂静四方□□□可故買給方丈地其直銭弐拾
伍文鍬一口絹伍尺調布伍□白綿一目此吾地給故霊平
安静坐子々孫々□□□全官冠封禄不絶令有位七珎
敬白

被葬者の息子と思われる「好雄」が、この静かな土地を墓地として購入するために、銭・鍬・絹・布・綿などを代価として支払ったことを述べ、死霊の平安とともに子孫の繁栄を願っている（岸俊男・一九七九、同・一九八〇a）。官位や俸禄《ほうろく》が絶えないことを祈願しているので、「好雄」は官人身分であったと考えられる。

倉敷市真備町の買地券（倉敷考古館寄託）は、江戸時代に発見されたという塼《せん》（煉瓦）製の品である（長さ約四二センチ、幅約二〇センチ、厚さ約二センチ）。ほぼ同形・同文のものが二点あり、

備中国下道郡八田郷戸主矢田部石安
口、白髪部毘登富比売之墓地、以
天平宝字七年々次癸卯十月十六日、八田郷
長矢田部益足之買地券文

図17　宮ノ本遺跡出土買地券（復元複製，国立歴史民俗博物館所蔵）

という銘文が刻まれている。備中国下道《しもつみち》郡八田《やた》郷を本籍とする白髪部毘登富比売の墓地について、天平宝字七年（七六三）に八田郷長の矢田部益足がそれを買ったか、あるいはその売買に立ち会ったことを述べている（間壁葭子・一九八〇、岸俊男・一九八〇b）。被葬者・購入関係者の名前と年月日のみを記した、ごく簡素な「買地券文」である。

これら二つの買地券に共通するのは、その墓地を土公などの地神から買ったという文言がみられないことである。記載内容はきわめて現実的で、中国（三国時代以後）の買地券のように、呪符的機能が前面に出ているとはいいがたい。被葬者の平安をねがう言葉があるので、地神の加護を期待していると考えることはできるが、地神を売買契約の相手とみる意識は希薄であるといわざるをえないだろう。土公のような中国の地神はおそらく列島にも受容されつつあったが、土地売買が中国ほど発達していなかったためか、造墓にあたって地神と土地売買をするという発想は、古代の日本社会にはあまり根づかなかったようである。

地神を鎮める

大地をめぐる中国文化の受容のなかで、広がりをみせていったのは地鎮儀礼である。大地の掘削や建物の造営にあたり、地神を鎮めるために行われるものであるが、これが新たな理論と作法をともないながら、七世紀後半から八世紀にかけて急速に一般化していった。そのさい、この儀礼を全面的に開花させる場となったのが、都城《とじょう》と寺院である。

地鎮儀礼の広がり

まず、都城についてみてみると、白雉二年（六五一）に難波長柄豊碕宮《なにわのながらのとよさきのみや》に遷都するとき、仏教経典を僧侶に読ませて地鎮儀礼をおこなった例がある（『日本書紀』白雉二年十二月晦条）。宮中に大勢の僧尼をまねき、二七〇〇もの灯明をともして、『安宅経《あんたくきょう》』『土側《どそく》経《きょう》』という地鎮関係の経典を読ませたという。これは、新都の造営のためというよりは、

図18　藤原京横大路土坑埋納遺物（奈良県立橿原考古学研究所所蔵）

正式な遷都に向けての王宮の安寧祈願というべきものだが、在来の祭祀ではなく、外来の仏教の教えによって鎮めの儀礼をおこなっていることが注目される。

持統天皇八年（六九四）に遷御した藤原京では、その造営再開にあたって、持統五年と同六年に、それぞれ京域と宮域の地鎮がおこなわれた（『日本書紀』持統五年十月甲子条・同六年五月丁亥条）。藤原京を東西に貫く直線古道として横大路《よこおおじ》があるが、この横大路の路面下から地鎮の遺構がみつかっている（南北の直線古道である下ツ道《しもつみち》との交点から、西に約三〇〇〇メートルの地点）。地面に、東西径七〇センチ、南北径四二センチ、深さ七〇センチの楕円形の穴をあけ、その底に植物の葉を敷いたあと、下から順に、土師器《はじき》の鍋、曲物《まげもの》の側板、軒丸瓦《のきまるがわら》の瓦当《がとう》部（先端の円形部分）を重ねて埋めていた。穴の大きさや土師製の容器の使用が、のちの時代にみられる地鎮儀礼と共通しており、持統五年の京域の地鎮にかかわる遺構と推測されている（今尾文昭・一九九四）。

また、藤原宮の大極殿院《だいごくでんいん》南門西の回廊下からは、須恵器《すえき》の平瓶《ひらか》（液体を注ぐ容器）を埋めた地鎮遺構が発見されている。南北六〇センチ、東西三〇センチ、深さ四五センチほどの穴を掘って、底に砂を敷き、そのうえに最大径二〇センチ、高さ一四センチほどの平瓶を据えたものである。平瓶の内底には水晶の原石九点、口縁部には富本銭《ふほんせん》九枚が納められていた。水晶も銭貨も地鎮具としてよく使われるものであり、持統六年におこなわれた宮域の地鎮跡ではないかと

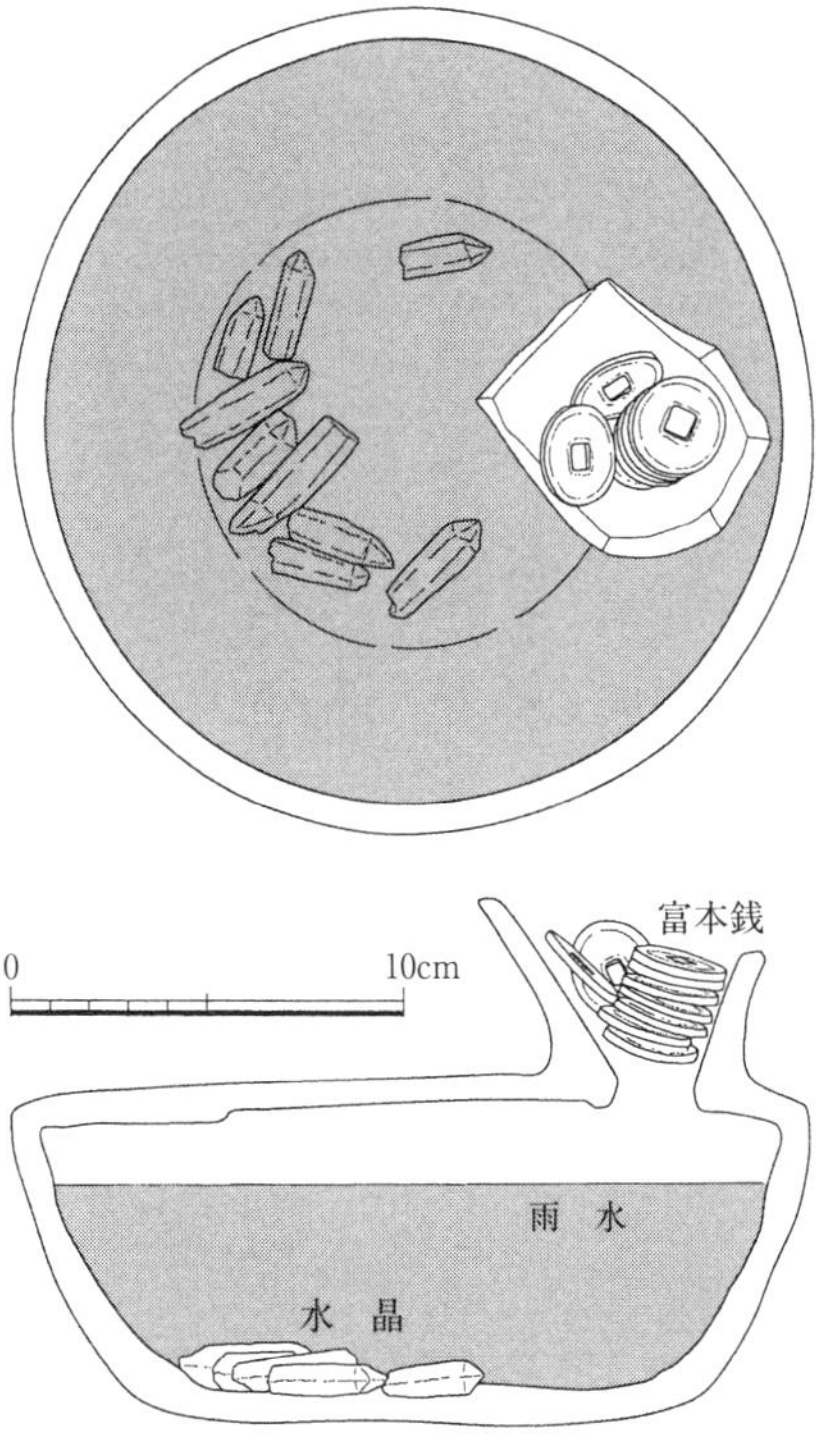

図19　藤原宮大極殿院南面西回廊出土須恵器平瓶（『奈良文化財研究所紀要』(2008年) より）

考えられている（森郁夫・薮中五百樹・二〇一三）。

和銅三年（七一〇）に遷都した平城京では、本格的な造都に先立って宮域の地鎮をおこなった記録がある（『続日本紀』和銅元年十二月癸巳条）。さらに、京内から一〇〇例をこえる地鎮遺構（典型的には呪具を土器に容れて埋納した遺構）が発見されているように、一般の宅地エリアにおいても、建物の造営があるたびに、恒例の祭儀として地鎮が執りおこなわれていたとみられる。遅くとも平城京の段階では、京の住民のあいだに、地神を鎮める儀礼が普遍的な習俗として定着していたのである。

寺院の場合、地鎮は堂塔の基壇《きだん》（建物の土台）や須弥壇《しゅみだん》（仏像の安置台）に施されるので、その行為を「鎮壇《ちんだん》」と呼ぶことも多い。七世紀後半に創建された飛鳥の川原寺《かわらでら》をはじめとして、平城京の元興寺《がんごうじ》・興福寺《こうふくじ》・東大寺《とうだいじ》・西大寺《さいだいじ》といった大寺、あるいは諸国の国分寺・国分尼寺（たとえば陸奥国分尼寺）などから、鎮壇の遺物が発見されている。基壇・須弥壇のなかに地鎮具を埋納するのであるが、それには二つの方法があり、壇の中心部に穴を穿って納めるものと、壇を造成しながら全体に万遍なく散らして埋めるものがあるという。

八世紀の鎮壇遺物として特に有名なのは興福寺中金堂《ちゅうこんどう》のもので、明治時代に発見され、国宝に指定されている（国宝「東大寺金堂鎮壇具」もあるが、これについては鎮壇の遺物ではないとする見方がある）。現在、東京国立博物館と興福寺に分けて所蔵されているが、その

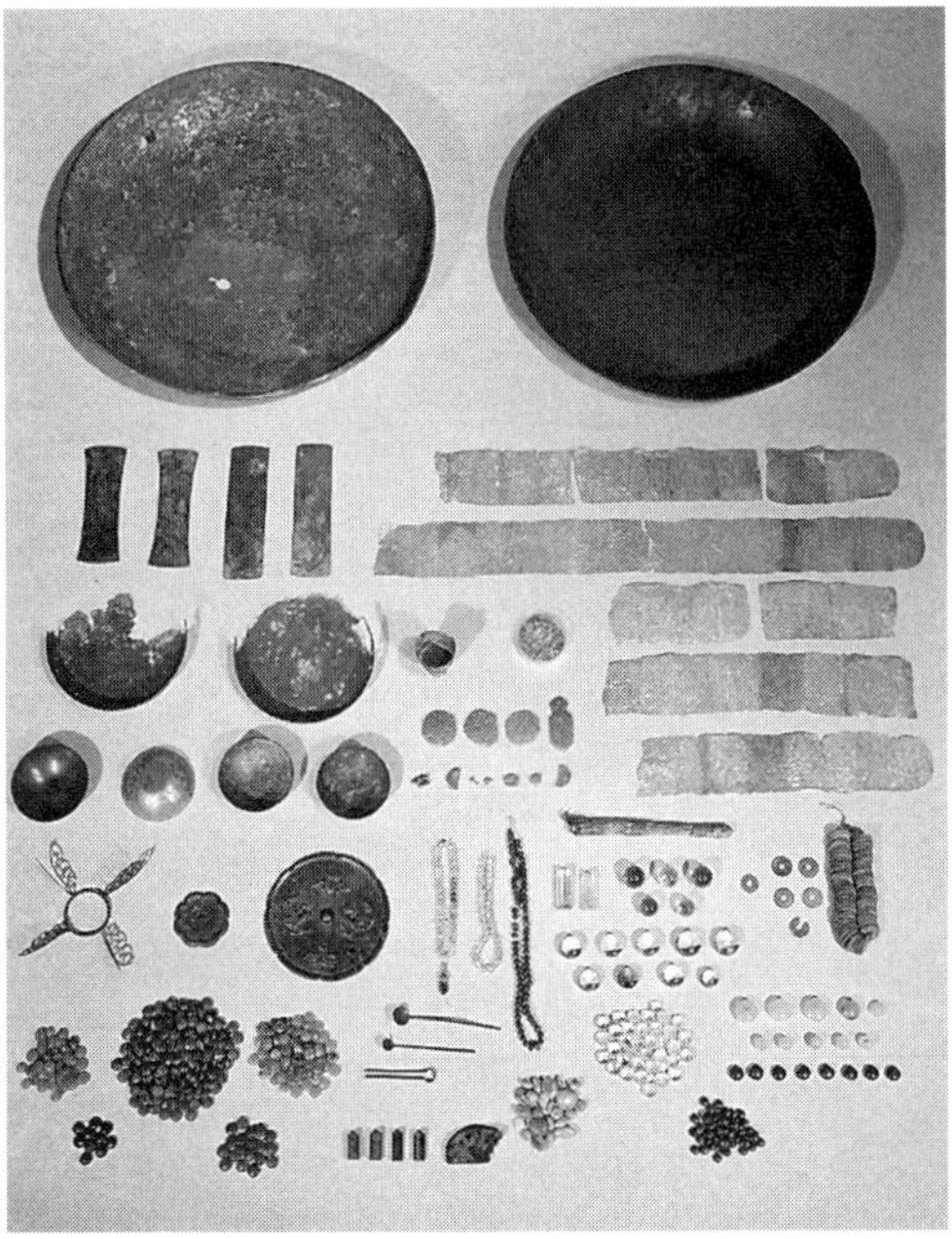

図20　興福寺中金堂出土の鎮壇具（東京国立博物館所蔵，Image: TNM Image Archives）

総点数は一〇〇〇点をはるかに超え、他の事例を圧倒している。遺物の品種もじつに豊富で、宝玉類（金・銀・真珠・琥珀《こはく》・瑪瑙《めのう》・水晶・瑠璃《るり》など）、金属容器（金銅製・銀製・響銅製の鋺・鉢・盤・脚杯《きやくはい》など）、刀剣、鏡、銭貨（和同開珎《わどうかいちん》・開元通宝《かいげんつうほう》）、装身具など、多彩をきわめている。奈良時代の大寺では、地神を鎮めるために、物具を豪華に使って、荘厳な儀礼を執りおこなうようになっていたのである。

地鎮を支える思想

土器の埋納例などから、古墳時代にも何らかの地鎮儀礼が存在したとみられるが、七世紀後半から八世紀にかけての地鎮儀礼は、外来思想の明白な影響のもとに発展したことが特徴である。その柱となったのは、右にみた事例からもうかがえるように、仏教と陰陽論という二つの思想であった。

まず、仏教については、地鎮にかかわる経典の普及が重要である。さきに触れた白雉二年の難波長柄豊碕宮の地鎮では、すでに『安宅経』『土側経』という仏教経典が読まれていた。『土側経』は、中国で編纂された仏典総目録（七世紀末の『大周刊定衆経目録』など）に「側土経」とあるもので、正倉院に伝わる複数の写経目録にその名がみえるように、八世紀には日本でも書写されていたことが知られる。『安宅経』も、正倉院の多くの写経関係文書に「安宅神呪経」「安宅要妙神呪経」などの名称でみえており、奈良時代にはしばしば書写され、流布していたことがうかがえる。

また、『天地八陽神呪経』も地鎮にかかわる仏典のひとつで、八世紀前半頃に中国で成立した偽経であるが、ほどなく日本に伝来し、書写されるようになっていたことが、やはり正倉院の写経関係文書から確かめられる。建物の造作時などに、この経典を三回読誦すると、地神の災いを避けることができると説いており、実際に地鎮儀礼で読まれた可能性もある（増尾伸一郎・一九九四）。

こうした地鎮関係の仏典のなかでも、儀礼の典拠としてとりわけ重視されたのが、『陀《だ》羅《ら》尼《に》集《じっ》経《きょう》』である。教義が体系化されていない段階の密教《みっきょう》（雑密《ぞうみつ》）経典で、唐の永徽四年（六五三）に編訳されている。天平九年（七三七）頃からは日本でも書写されており、八世紀前半には伝来していたことがわかる。この経典のなかに、鎮壇の作法が詳しく述べられているのである。

それによると、まず壇の四隅から対角線状に二本の縄をひき、それが交差する地点、すなわち壇の中心点に小さな穴を掘る。そして、五宝（または七宝）と五穀を絹布で包み、五色の紐を結んで、その穴に埋めるという。五宝とは、金・銀・真珠・珊瑚・琥珀（七宝は、これに水晶・瑠璃が加わる）、五穀とは、大麦・小麦・稲穀・小豆・胡麻のことである。じっさい、興福寺中金堂の鎮壇具には、五宝あるいは七宝に該当する宝玉類が含まれ、また内側に穀物の痕跡をのこす金銅大盤があり、五穀を盛ったものと推定されている。この埋納品目の共通性からすると、中金堂の鎮壇にあたり、『陀羅尼集経』が参照された可能性は少なくない。

いっぽう、陰陽系の思想については、地鎮の作法にかかわる明確な典拠を見いだすことは難しい。ただ、興福寺中金堂の鎮壇具のうち、容器類・銭貨・刀剣・鏡などは仏典との

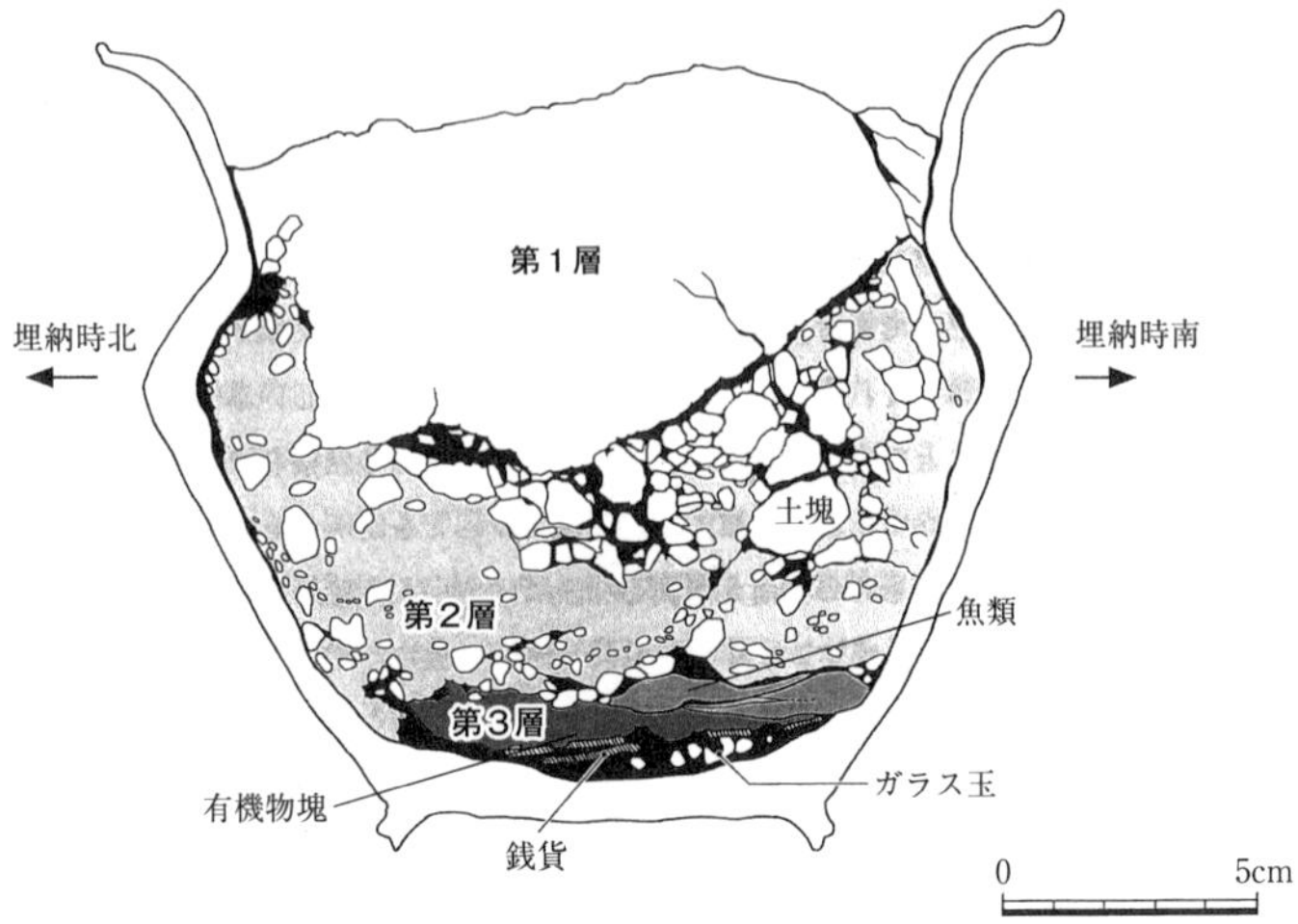

図21　興福寺南大門基壇出土の広口壺の充塡物（『文化財学の新地平』奈良文化財研究所，2013年より）

関係が薄く、陰陽系の物具ではないかと考えられている。また、先にみた藤原宮の地鎮具の例では、平瓶のなかに水晶九点、富本銭九枚が納められていたが、その個数は、「九」が陰陽論における聖数であることに由来しているらしい（森・藪中・二〇一三）。後述するように、奈良時代には、陰陽師が地鎮儀礼の主要な担い手となっており、陰陽系の思想がこの行為の重要な根拠となっていたことは疑いない。

こうして八世紀前後には、仏教と陰陽論という二つの外来思想が、一部で重なりあいながら、地鎮儀礼を理念的に支えるようになっていた。ところが、これらの思想では説明のつかない遺物が、二〇〇九年に発見されている。興福寺南大門の基壇中央部から、須恵器の広口壺が出土し、そのなかに、和同開珎五枚・ガラス玉一三個とともに、魚類の骨が入っていたのである。分析の結果、フサカサゴ科魚類の頭部付近の骨であることがわかり、地鎮具に魚の一部を使った例がはじめて確認された。これは従来知られている仏教系・陰陽系の地鎮思想にはみられないもので、あるいは日本固有の信仰によるのではないかともいわれている（森川実・二〇一三）。類例の増加をまつ必要はあるものの、もしその指摘が正しければ、固有信仰と外来思想が折り重なった、貴重な地鎮の例ということになろう。

陰陽師と地鎮

地鎮が仏教系・陰陽系の思想にもとづいていたとすれば、その儀礼は、それぞれを専門とする僧侶・陰陽師によって執りおこなわれたと考えるのが自然である。しかし、奈良時代においては、僧侶の関与を史料によって確かめることは難しく、もっぱら陰陽師の活躍が目立っている。

たとえば、光明皇后《こうみょう》（聖武《しょうむ》天皇の皇后）の居所を前身とする平城京の法華寺《ほっけじ》で、新たに建物をつくる際、陰陽師が地鎮儀礼をおこなっている。天平宝字年間（七五七〜七六四）に、同寺のどこかの院（エリア）に金堂が造営されたとき、「院中の鎮祭」＝地鎮祭にたずさわった陰陽師に対し、衣服の費用が支出されているのである（正倉院文書・続々修四五ノ五「造金堂所解」）。さらに「時々の鎮祭の五穀を買う」ために代金を支出したこともみえ、地鎮祭が何度かおこなわれたこと、地鎮具として五穀が使われたこともわかる（同・続修三五「造金堂所解」）。

近江国の石山寺の造営でも、地鎮儀礼を執りおこなったのは陰陽師であった。天平宝字六年の造営費用の支出記録によれば、「地を鎮め祀れる陰陽師」に対し、「布施料」として報酬があたえられている（同・続修四八裏「造石山寺所造寺料銭用帳」）。また、東大寺付属の写経施設においても、神護景雲四年（七七〇）八月に「院内」の地神を鎮める儀式がおこなわれ、陰陽師に布施料を支払ったことが確認できる（同・続々修三ノ七「奉写一切経所告朔解」）。このときの地鎮では、五穀のほかに清酒・白米などが物具として使用された（同・続修後集三〇「奉写一切経所雑物請帳」）。

以上の事例で注目されるのは、寺院における地鎮に陰陽師が関与していること、その儀礼に仏教系の地鎮具である五穀が使われていることである。つまり、陰陽の専門家である陰陽師が、本来は異分野である仏教のフィールドにまたがり、幅広く地鎮儀礼の執行を請け負っていたことになる。奈良時代の地鎮の大きな特徴は、このような仏教分野と陰陽分野のゆるやかな混淆《こんこう》にあったといえよう。

ただ、注意を要するのは、右の諸事例が「院中」「院内」の地鎮であり、一定のエリア全体を対象とした可能性があること、すなわち特定の堂塔の鎮壇ではなかったとも解されることである。さきにみた『陀羅尼集経』では、鎮壇の主宰者は「阿闍梨《あじやり》」とされているので、それに従ったとすれば、各堂塔の鎮壇は陰陽師ではなく、僧侶が担当したと考えることもできる。しかし、その当否を史料によって確かめるすべは、今のところない。

同じく、平城京で展開した一般の宅地の地鎮についても、その担い手を特定するのは、案外むずかしい。陰陽師の関与が一応推測されるが、奈良時代の陰陽師は基本的に陰陽寮に所属する官人であり、彼らだけで、京の住民たちによる広範な地鎮の要求に対応できたかどうかが問題である。一般に、民間の呪術者としての陰陽師があらわれるのは平安時代以降とされているが、そうした存在を奈良時代にも想定すべきかどうか、研究の進展がまたれよう。

こうした課題はあるものの、奈良時代において、陰陽師が地鎮の主要な担い手であったことは間違いない。陰陽師は、地鎮のプロフェッショナルとして、地神の祟りを回避しようとする社会の要請に応えていたのである。平安時代になると、体系化された密教（純密）が伝来し、真言《しんごん》密教（東密《とうみつ》）・天台《てんだい》密教（台密《たいみつ》）それぞれにおいて、精緻な地鎮作法が整えられていく。それを受けて、とくに一〇世紀後半からは、地鎮における僧侶の活躍が顕著になっていく。それでもなお、陰陽師が地鎮のプロとして活動していたことは、さまざまな職業が描かれた一一世紀半ばの文学作品『新猿楽記《しんさるがくき》』のなかに、「陰陽先生」＝陰陽師が登場し、地鎮の上手とされていることに明白にあらわれている。陰陽師は、次第にその裾野を広げながら、拡大する地鎮の需要に対処していったのであろう。

もう少し陰陽師と大地とのかかわりをみてみよう。

相地と地神

律令制が整備されると、陰陽関係の専門官庁として陰陽寮が設けられ、頭《かみ》・助《すけ》・允《じょう》・大属《だいさかん》・少属《しょうさかん》（いずれも定員一人）の事務官と、陰陽・暦・天文という三分野の技能者・教官・学生が配置された。このうち、陰陽分野の技能者が陰陽師（定員六人）であり、教官が陰陽博士（定員一人）、学生が陰陽生（定員一〇人）である。陰陽師の職掌は、「占筮《せんぜい》」および「相地《そうち》」と規定されていた（以上、職員令《しきいんりょう》9陰陽寮条）。「相地」（地を相《み》る）とは、土地の吉凶を判断することである。陰陽の観点から土地の向き・不向きを考えるわけだが、官人としての陰陽師が特にこの技能の発揮を求められたのは、都城と山陵《さんりょう》の場所を決定するときであった。

まず、都城についていえば、陰陽師による相地の例は、律令制の確立以前にまでさかのぼる。天武天皇十三年（六八四）に、広瀬王らを畿内に遣わして、陪都《ばいと》（首都以外の都）にふさわしい土地を視察させた際、陰陽師もそれに同行させているのである（『日本書紀』同年二月庚辰条）。天武朝には、陰陽寮の前身組織にすでに陰陽師が置かれ、相地を主要な職掌のひとつとしていたのであろう（天武四年正月丙午朔条・朱鳥元年〈六八六〉正月甲寅条・同年六月庚午条に「陰陽寮」「陰陽師」がみえる)。

同様の例は、時代がくだって、延暦三年(七八四)の長岡京遷都のときにも認められる。遷都を進言した藤原種継《ふじわらのたねつぐ》らを山背国《やましろのくに》に遣わして、「乙訓郡《おとくに》長岡村の地を相」させたが、その一行には陰陽助の船連田口《ふねのむらじたぐち》が加わっており、彼が相地を指揮したと考えられるのである(『続日本紀』延暦三年五月丙戌条)。さかのぼっては六八四年に、くだっては七八四年に、陰陽官人による都城(候補地・予定地)の相地が確認できるとすれば、その中間に位置する平城京の相地に陰陽官人がかかわっていたことは、ほぼ間違いないだろう(藤原京は六八四年以前に造営が始まっているが、その相地も同様であったと思われる)。

つぎに山陵の相地としては、光仁《こうにん》天皇を改葬するために、「陰陽を解する者」など一三人を大和国に派遣して、「山陵の地を行《めぐ》り相《み》」させた延暦元年の例がある(『続日本紀』同年八月己未条)。また、天安二年(八五八)には、大納言の安倍安仁《あべのやすひと》が、陰陽権助・陰陽博士の滋岳川人《しげおかのかわひと》、陰陽助の笠名高《かさのなたか》らを率いて山城国葛野《かどの》郡田邑《たむら》郷におもむき、文徳《もんとく》天皇の山陵の地を選定している(『日本文徳天皇実録』『日本三代実録』同年九月庚申条)。いずれも、陰陽に精通した専門官人が、天皇陵にすべき土地を現地で鑑定したものである。

このうち、後者の例については、一二世紀前半の成立とされる『今昔物語集《こんじゃくものがたりしゅう》』に、そのときの相地を踏まえた説話がおさめられている(巻二十四・第十三「慈岳川人、地神に追わるる語」)。慈(滋)岳川人は、有能な陰陽師として文徳陵とすべき地を選定するが、誤って「地神」の怒りを買ってしまう。地神は、川人とかれを率いた安陪(倍)安仁の命をねらい、二度にわたって二人を襲うが、川人の高度な方術によって危うく難を逃れる、という話である。脚色された物語ではあるが、陰陽師による相地が、地神を相手とする行為であったことをよく示しているといえよう。

この説話の種本は、一〇世紀初めに三善清行《みよしのきよゆき》があらわした『善家秘記《ぜんけひき》』(『善家異記』ともいう)だったのではないかと指摘されている(山下克明・二〇〇七)。清行が耳にした怪異譚をまとめた書物で、現在は散佚しているが、もし右の説話がこの書物におさめられていたとすれば、八五八年の実際の相地からほどなく、川人と地神をめぐる風聞が世間に流布していたことになろう。陰陽師による都城・山陵の相地は、おそらく八・九世紀を通じて変わりなく、地神との交渉を不可欠の要素としていたと思われる。

社会に浸透する土公

こうしてみると、陰陽師には、地神の扱いに長けた特殊技能者という側面が認められそうである。彼らは、地神とコミュニケートできる特別な存在として、地神をなだめたり、地神に点地の伺いを立てたりしたのであろう。そして、少なくともある時期から、陰陽師が地鎮・相地でコミュニケートする地神とは、中国伝来の土公以外のなにものでもなかったと考えられる。

土公が地神として社会に浸透し、陰陽師がそれを扱うスペシャリストになっていたことは、平安京遷都をめぐる一史料に、わずかながら窺うことができる。一〇世紀後半の儀式書に『新儀式』というものがあるが、そのなかに天皇の遷御《せんぎょ》（転居）の作法をのべた部分がある（第四・天皇遷御事）。そこでは、天皇が居所を移すときは、陰陽寮が「厭法《えんほう》」を施すとされている。「厭法」とは抑え鎮める呪法のことで、具体的には、陰陽寮長官の指揮のもと、童女に「黄牛」を牽《ひ》かせて新居の庭に導き入れることが中心になっている。そうすることによって、新居の目にみえない危険を取り除くのであるが、『新儀式』によれば、延暦十三年（七九四）十月の平安京遷御のときに、この厭法が執りおこなわれたというのである。そのことは、承元四年（一二一〇）に陰陽道関係の先例をまとめた『陰陽博士《おんみようはかせ》安倍孝重勘進記《あべのたかしげかんしんき》』という書物にも記されている。

重要なのは、新居の庭に黄牛を牽き入れることの意味である。黄牛は「あめうし」と訓み、飴色（明るい茶色）の体毛をもった牛をさす。一〇世紀以降の貴族社会では、新居に移転するにあたり、陰陽師の指導によって、この黄牛を牽き入れることが一般的におこなわれていた。貴人の転居のことを「移徙《わたまし》」といい、移徙の安泰のために一連の儀式がおこなわれたが、その中心となるのが黄牛の牽き入れだったのである。

当時の陰陽師の説によれば、これは新居での造作＝犯土に対処し、土公を抑え鎮めるためのものであった（『左経記』長元五年〈一〇三二〉四月四日条）。五行説では、木・火・土・金・水の五つの原理が、青・赤・黄・白・黒という五つの色や、犬・羊・牛・鶏・鹿という五つの動物に対応するとされ、「黄」と「牛」がともに「土」の原理をあらわすことから、その二つを組みあわせた「黄牛」は、「土」を支配する土公を鎮めるのに最適と考えられたらしい（繁田信一・二〇〇五）。

このような黄牛の牽き入れが、陰陽官人に指揮されつつ、七九四年の平安遷都時にもおこなわれたことを、『新儀式』の記事は伝えている。つまり、八世紀末には、中国伝来の地神である土公を対象として、陰陽師が公的な呪術活動を展開していたことになる。黄牛の牽き入れが正史にみえるのは、元慶元年（八七七）に陽成《ようぜい》天皇が東宮《とうぐう》御所から内裏に遷御したときの記事が最初なので（『日本三代実録』同年二月二十九日辛未条）、『新儀式』の記事はじつは孤立した史料なのだが、何らかの根拠にはもとづいているのだろう。八世紀後半から九世紀にかけての中国文化への傾倒のなかで、土公という地神はしだいに日本社会に浸透し、陰陽師はその土公を扱うスペシャリストとして、みずからの職能を明確化していったと考えられる。

平安貴族と大地の恐怖

以上のように、遅くとも九世紀までには、〈犯土—土公—陰陽師〉という、大地に関わるひとつの観念連合が形成されていたとみられる。土公をめぐる犯土の禁忌が定着するなかで、陰陽師はいわば大地のコンサルタントとして、社会に欠かすことのできない存在になっていたのである。そして、一〇・一一世紀には、その禁忌が肥大化して、貴族たちの生活を不自由なまでに拘束するようになり、陰陽師の存在感はさらに高まることになる。

土公の祟り

そのころの貴族の日記をみると、かれらが土公を恐れ、犯土を気にかけ、その問題に対処するために陰陽師を頼りにしていたことがよくわかる。平安貴族にとって土公とは、何よりも凶事をもたらす祟り神であり、その祟りの具体的なあらわれが、さまざまな疾病《しっぺい》への罹患《りかん》であった。たとえば、病に伏せっていた民部卿《みんぶきょう》の源俊賢《みなもとのとしかた》に、右大臣の藤原実資が見舞いの手紙を送ったとき、俊賢からは、「土公の祟り」で股から下が腫れあがってしまい、苦しくて堪えられない、との返事があったという（『小右記』万寿四年〈一〇二七〉六月五日条）。その数日後に俊賢は危篤に陥り、ほどなく出家・入滅した。

このようなとき、占いによって、病の原因が土公の祟りであることを突き止めるのが陰陽師であった。たとえば、右の事例で源俊賢を見舞っている藤原実資は、自身も土公の祟りによる不調を経験したことがあった。そのさい、原因の祟りを占いによって明らかにしたのは、当代きっての陰陽師・賀茂光栄《かものみつよし》であった（『小右記』長和三年〈一〇一四〉三月二十四日条）。また、藤原道長の娘である彰子《しょうし》（上東門院《じょうとうもんいん》）が腰病を患ったときに、原因は土公の祟りにあると占ったのも、やはり陰陽師の中原恒盛《なかはらのつねもり》であった（『同』長元四年〈一〇三一〉七月五日条）。そのようにして、土公の祟りが病因になっていることを突き止めると、陰陽師は「土公祭」という陰陽道の祭祀をおこなうなどして、その祟りを安全に取り除くよう努めたのである。

土公の祟りを招く最大の要因は、犯土に関する不注意であり、貴族たちは犯土の禁忌に触れないよう、慎重な行動を心がけた。賀茂光栄の父であり、みずからも陰陽道の第一人者であった、賀茂保憲《やすのり》の天延二年（九七四）の勘文《かんもん》（調査意見書）によれば、三尺（九〇チセン余り）をこえて地面を深く掘り下げると、犯土による危害が発生する。自身の邸宅でそのような犯土をともなう造作をおこなった場合、敷地内はすべて危害の及ぶ範囲となり、また他人の邸宅で同様の犯土があった場合も、方角と距離によっては、自身に危害が及ぶことがあるという（『朝野群載』巻十五・陰陽道「賀茂保憲犯土禁忌勘文」）。こうした原則を踏まえながら、貴族たちは土公の祟りを避けるための工夫をした。

　造作のまえに地鎮をするのはもちろんであり、場合によっては、造作のあとに鎮謝の祭祀をすることもあったようだが、そのほかにも、祟りを避ける代表的な方法として、「土《つち》忌《いみ》」というものがあった。「土忌」とは、文字どおり、土気・土公を忌避することであるが、多くは犯土に際して自宅を離れ、他家に移ることをさした。造作が終わり、土公による危険が消えるまで、その影響範囲から離脱するのである。

　たとえば、『蜻蛉日記《かげろうにっき》』下巻には、天禄三年（九七二）九月のこととして、「土犯すとて、ほかなる夜しも」とあり、この夜、作者の藤原道綱母《ふじわらのみちつなのはは》が犯土を避けて、自宅以外の場所に滞在していたことがわかる。また、『更級日記《さらしなにっき》』には、「土忌に人のもとに渡りたるに」とあり、治安二年（一〇二二）三月、作者の菅原孝標女《すがわらのたかすえのむすめ》が、土忌のために他家に身を寄せたことが知られる。さらに、関白藤原忠実《ただざね》の談話をまとめた『富家語《ふけご》』には、小野宮《おののみや》を自宅とする藤原実頼《さねより》（九〇〇〜九七〇）が、「方違《かたたがえ》」（危険な方角への出行を避けるため、一度他家に泊まること）か「土忌」かで、三条大宮あたりに滞在していたとき、近接する神泉苑《しんせんえん》の竜から挨拶された、という言い伝えが載せられている。この実資の息子である実資が、小野宮の造作のたびに、犯土を避けて邸外に身を移していたことは、『小右記』の記事にくわしい。

このように、一〇・一一世紀の貴族たちは、土公の祟りに常におびえ、犯土の禁忌に対して神経質なほど過敏になっていた。平安貴族社会には、大地に対するほの暗い恐怖が蔓延していたといえよう。

時代思潮の神秘化

この時代の貴族社会には、土公のほかにも、恐れるべき超自然的存在があふれていた。病をもたらす祟りの主体としては、鬼神《きしん》・竈神《かまどがみ》・北辰《ほくしん》（北極星を神格化したもの）など、さまざまなカミやモノ（物の怪のモノ）があり、また、方違によって忌避すべき方角神としては、太白《たいはく》・天一《てんいち》・王相《おうそう》・大将軍《たいしょうぐん》など、時期ごとに移動する多くの遊行神があった。土公の場合と同じく、これらの存在に精通していたのは陰陽師であり、彼らは、貴族たちの要請に応えて祟りの主体を占い、日時・方角の吉凶を調査した。こうした神秘的ともいえる風潮が強まってくるのは、九世紀後半のことである。

醍醐《だいご》天皇の日記によると、延喜三年（九〇三）六月に、天皇が内裏から中和院《ちゅうかいん》に渡御《とぎょ》するさい、方忌《かたいみ》（方角の忌み）の先例について左大臣藤原時平《ときひら》に問い合わせたところ、時平は「前代、天一・太白を忌まず。貞観以来この事あり」と答えたという（『醍醐天皇御記』同年同月十日条逸文）。時平の認識が間違っていなければ、方角神の天一や太白は、清《せい》和《わ》天皇の貞観年間（八五九～八七六）から忌避されるようになったのである。清和天皇は、貞観七年八月、東宮から内裏に遷御するにあたり、生まれ年による方忌を避けるため、方違をおこなっている（『日本三代実録』同年同月二十一日己巳条）。方違の風習は、大体この頃から始まったと考えられており、方角神による禁忌は、貞観期を大きな画期として、貴族社会に広まっていったとみられよう（詫間直樹・二〇一二）。

清和朝＝貞観期は、藤原良房《よしふさ》が太政大臣あるいは摂政として権勢をふるった時期である。祟りをなす怨霊をなだめるために、はじめて国家による盛大な御《ご》霊《りよう》会《え》が催されるなど、貞観期には霊的なものへの関心の高まりがみられるが、そうした「呪術的意識の復権」ともいえる動きを主導したのが、時代のキーパーソンとしての良房であったといわれる（笹山晴生・二〇一五）。さかのぼれば、九世紀前半の嵯峨朝には、文章《もんじよう》経国《けいこく》思想の広まりにみられるように、時代の主調をなしていたのは儒教的な合理精神であった。ところが、九世紀後半の清和朝になると、おそらく良房の傾向もあって、時代の思潮は大きく神秘化するのである。

この時期から、暦注にはさらに多くの禁忌事項が盛りこまれ、貴族の日常生活は非合理的な制約で埋め尽くされるようになる。それとともに、さまざまな超自然的存在をおそれる呪術的な風潮が、しだいに貴族社会を覆うようになっていく。こうしたなかで、陰陽師の活躍の機会も増えていくわけであるが、それは、中国伝来の陰陽五行説が消化され、日本的な「陰陽道」に変成していく過程でもあった。一〇・一一世紀には、このような流れが全面化するのであり、土公をめぐる禁忌意識の肥大化も、そうした時代思潮の神秘化の一部として位置づけることができるだろう。

大地を離れた都市貴族

こうした変化の背景には、貴族が都市民化したこととの影響があるように思われる。平安京という都市での生活が定着し、生きた自然との濃密な接触が少なくなったことが、貴族たちの心性を超自然的な方向にむかわせる一因となったのであろう。土公をめぐる禁忌意識についていえば、都市貴族化による大地からの疎外が、地中に住まう不可視の存在に対する恐怖心を膨張させた、ということになる。

平城京に暮らした奈良時代の貴族たちは、まだ完全な都市民ではなく、「みやこ」（都）と「いなか」（鄙）に両属する生き方をしていた。基本的な生活の場は「みやこ」にあったとしても、「いなか」には昔ながらの所領があり、農作を通じた大地とのつながりは失われていなかったのである。律令には、都の官人の給与として、季禄《きろく》を支給することが規定されているが、その品目には、現物貨幣となる繊維製品のほかに、農具としての鍬が含まれていた（禄令1給季禄条）。これは、都で官人をつとめる貴族たちが、いっぽうで農作にも携わっていることを前提とした措置にほかならない。また、同じく律令の規定では、都の官人に「田仮《でんけ》」と呼ばれる休暇を与えることになっているが（仮寧令《けにょうりょう》1給休仮条）、これは五月と八月の農作業のための休みで、やはり貴族たちが農事に関与していたことを示している。

このような、奈良時代の貴族と農事のつながりをあらわす実例として、大伴氏による所領の経営がよく知られている。同氏は、かつての藤原京の近辺に、竹田庄・跡見《とみ》庄という所領を有していた。天平期に、その経営の中枢を担っていたのは、大伴家持《おおとものやかもち》の叔母である坂上郎女《さかのうえのいらつめ》であった。坂上郎女は、佐保宅と呼ばれる平城京の邸宅に住んでいたらしいが、『万葉集』におさめられた彼女の歌によると、農繁期には竹田庄・跡見庄の現地におもむき、みずから農作業を取りしきっていたとみられるのである。また大伴家持にも、一族の所領を訪れて、聖なる樹木のもとで酒宴を開いたときの歌があるが、この興趣ある宴会も、春季の農耕儀礼の一環ではなかったかと考えられている（森公章・一九九八）。

このように、奈良時代の貴族は、「みやこ」を日常生活の場としながら、一方では古くからの所領の経営を通じて、「いなか」の大地との交渉を保っていた。ところが、平安時代になると、京以外の土地に残されていた本籍を抹消し、完全に平安京の住人として登録される貴族が増えてくる。大和から山城への「みやこ」の移動と、この「京貫《きょうかん》」の増加とともに、みやこ人と「いなか」とのつながりは希薄化し、純然たる都市民としての平安貴族が成立するのである。平安貴族の大地に対する過剰な恐れは、そうした都市民化による大地からの離脱が、逆説的にもたらしたものであろう。都市生活への純化を、一種の「文明化」といってよければ、平安貴族社会に大地への神秘的な恐怖が広まったことは、興味ぶかい「文明化のイロニー」といえるかもしれない。

大地と天皇

天皇の身体と大地

大地との接触

柳田国男に「肩車考」という小論がある（『小さき者の声』所収、『柳田国男全集　第七巻』筑摩書房、一九九八年、初出一九四二年）。日本の祭礼において、神に仕える稚児《ちご》を肩車することがあるのは、神聖な存在を地面に触れさせてはならないという「触地の忌」によるものではないか。かつての日本社会には、「神は御身を地に触れたまふものでないといふ観念」があり、それが祭礼における肩車の風習に残っているのであろう、と論じたものである。では、日本史の一時期に、たしかに神（現神《あきつかみ》）とみなされていた天皇は、地面との身体的接触を忌避しなければならない存在だったのだろうか。

フレイザーの『金枝篇』には、天皇の足が地面に触れることは、その神聖性を著しく害することになると信じられていて、天皇がどこかに出かけるときは、必ずかれを人の肩に乗せて運ばなければならなかった、という話が紹介されている（第三版・第二部第一章二）。これは、一七世紀末に来日し、長崎出島のオランダ商館につとめていたドイツ人医師、ケンペルの日本見聞録（『日本誌』）にもとづくもので、聖なる人物にまつわる世界各地のタブーを知っていたフレイザーは、右の話にも何らかの裏づけがあるに違いないと考えていた。

しかし、柳田は「肩車考」のなかで、この話に否定的な見方を示している。天皇は沓《くつ》を履いても地面に立たないという意味であれば、それは事実に反しているし、素足を土に触れさせないという意味であれば、それは上流生活に一般的なことであって、タブーでも何でもないはずだと述べている。たしかにケンペルの記述を全面的に信用することはできないだろう。では、天皇の身体にとって、大地と接触することは、まったく気遣いに及ばない些事だったのだろうか。まず、この点について考えてみよう。

土気と玉体

平安時代の天皇は、毎朝、皇祖神《こうそしん》をまつる伊勢神宮を拝礼していた。仁和四年（八八八）に宇多《うだ》天皇がおこなったのが、史料によって確認できる最初の例である。いうまでもなく、宮中から遥拝《ようはい》するのであり、そのための場所とされたのが石灰壇《いしばいのだん》であった。石灰壇とは、平安宮の内裏において、天皇の日常の居所である清涼《せいりょう》

図22　清涼殿の石灰壇（「中殿御会図（模本）」より，東京国立博物館所蔵，Image: TNM Image Archives）

殿《でん》の東廂に設けられた土壇で、地面から板敷の床の高さまで、版築《はんちく》という技法で土をつき固めて盛りあげ、その上面を漆喰《しっくい》でぬり固めたものである。九世紀後半までは、仁寿殿《じじゅうでん》が天皇の日常の居所とされていたので、石灰壇は仁寿殿の南廂にも設けられていた。この石灰壇に、円座《えんざ》（円形に編まれた敷物）がしかれ、そこに着座した天皇は、神宮のある東南の方角を向き、拝礼をおこなったのである。

　石灰壇があったのは清涼殿東廂の南二間であるが、その空間について、中世の有職故実《ゆうそくこじつ》書《しょ》『禁腋秘抄《きんえきひしょう》』は、「この間を地下《じげ》に準じて御拝あり」と述べている。つまり、土を盛りあげた石灰壇は、地面そのものに見立てられており、その壇上で遥拝をおこなうのは、本物の地面に降りたつ作法の代わりとしての意味を持っていたのである。本来は、殿上《てんじょう》から地上におりて遥拝するのが丁重であるが、それを毎日天皇に課すわけにはいかないということで、このような便法が生み出されたのだろう。

なぜ毎日、地上で遥拝するわけにはいかなかったのか。雨の日に実施するのが難しい、といった現実的な問題はもちろんあるだろう。だが、次のような神宮遥拝をめぐる一件をみると、どうもそれだけではなかったように思われる。藤原資房《ふじわらのすけふさ》の日記『春記《しゅんき》』にもとづいて、具体的に追っていこう。

長久元年（一〇四〇）七月二十六日の夜、伊勢神宮の豊受宮《とゆけのみや》（外宮《げくう》）で、正殿と東西宝殿が大風のため倒壊した。報告をうけた朝廷では公卿《くぎょう》の会議がひらかれ、仮殿を造ってご神体を遷すこと、奉幣使《ほうべいし》を派遣することなどが決められた（八月四日）。希代の事故をきわめて重く受け止め、伊勢に行幸《ぎょうこう》することまで考えた後朱雀《ごすざく》天皇は、皇室と万民のために命を惜しまない覚悟で、みずから神宮に祈りを捧げることを決意した。御所のなかにある土間に降りたち、神宮をはるかに拝して、自筆の祭文《さいもん》を読みあげたのである（八月十五日）。この日からほぼ二週間、天皇は連夜にわたり、御所の庭あるいは土間（雨の場合）において、神宮を遥拝した。

ところが、一連の遥拝に区切りをつけた直後、天皇は体調を崩してしまう。そして、その病状を伝え聞いた関白の藤原頼通《よりみち》は、不調の原因が「土気」にあるのではないかと指摘した。連夜にわたって庭に出ていたため、逆上した土のエネルギーが悪影響を及ぼしたのだろう、というのである（八月三十日）。蔵人頭《くろうどのとう》として天皇に近侍していた資房は、「連夜、庭中に出御《しゅつぎょ》するは、土気の逆上、尤《もっと》も恐れあり。下奴と雖《いえど》もなお恐れあり、何ぞいわんや王者の玉体においてをや」と書き記している（九月五日）。天皇の「玉体」にとって、「土気」の作用はきわめて危険なものであり、天皇がながく地面に接することは、まさに憂慮に値すべき問題だったのである。

その後、延期されていた奉幣使派遣の日どりが九月二十七日ときまり、それに先立つ七日間、天皇はふたたび神宮遥拝をおこなったが、このときは、庭に設けられた御座の下にもう一枚円座をしき、注意ぶかく「土気を避け」るようにしている（九月二十一日）。この一件をみるかぎり、天皇の聖なる身体＝玉体にとって、大地との長時間の接触は望ましくないとする認識が、一一世紀頃の貴族のなかにあったことは確かであろう。天皇が毎朝の神宮遥拝を石灰壇のうえでおこなったのは、少なくとも一因としては、本物の大地との接触による土気の悪影響を避けるためであったと考えられる。ケンペルが述べるような極端な風習があったわけではないが、平安時代の天皇が、大地との接触に特段の配慮を要する存在であったことは、おそらく間違いないだろう。

御体御卜と犯土・土公

天皇の身体に大地が危険な作用を及ぼしうるという認識は、御体御卜《おおみまのみうら》という行事のなかにもうかがえる。御体御卜は、毎年二回、そのさき半年間の天皇の身体の安否をうらなう神事で、六月と十二月の初旬におこなわれる。両月の一日から九日にかけて、神祇官《じんぎかん》の卜占技能者である宮主《みやじ》らが、亀の甲羅をつかった亀卜《きぼく》をおこない、一〇日にその結果を神祇官から天皇に奏上する。宝亀三年（七七二）正月十三日の太政官符《だいじょうかんぷ》（国所蔵、重要文化財）に、前年十二月の御体御卜によって、山背国の双栗《なくり》神と乙訓《おとくに》神に祟られていることが判明したとあるので、八世紀後半にこの卜占が実施されていたことは疑いない。さらに、九世紀初めに斎部広成《いんべのひろなり》があらわした『古語拾遺《こごしゅうい》』には、この行事が七世紀半ばの孝徳《こうとく》天皇の時代にはじまったと記されているが、その真偽のほどは定かでない。

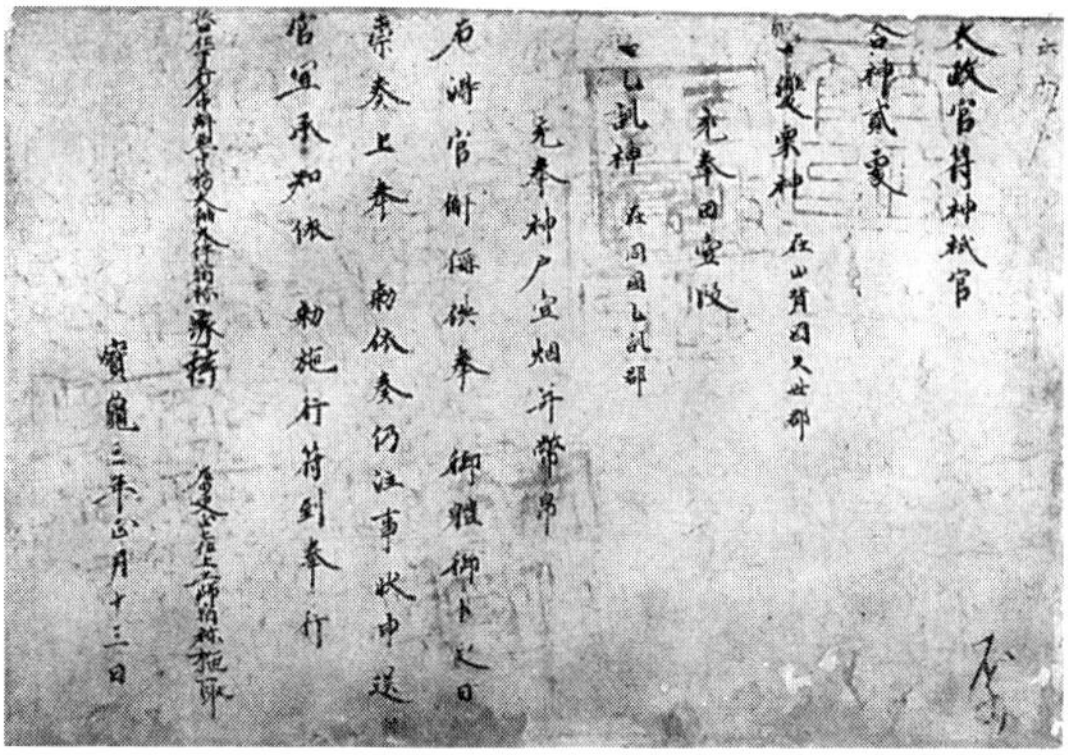
図23　宝亀三年正月十三日太政官符（文化庁保管）

　御体御卜でまず注目されるのは、卜占にあたって、宮中における犯土《ぼんど》の有無が確認されることである。

九世紀前半の細則法典『弘仁式《こうにんしき》』の逸文によると、あらかじめ太政官から各官庁に通知して、それぞれの施設で「侵土」があるかないかを調べさせ、もし「侵土」のある官庁があれば、神祇官に報告することになっている。この「侵土」とは、前章で述べた犯土のことにほかならない（同じことを記した『儀式』奏御卜儀条には、明確に「犯土」とある）。主に庁舎の修造にともなう犯土を確認するのであろう。天皇の身体の状態は、宮中の諸官庁でなされる犯土と、密接な関係にあると考えられていたのである。

犯土が確認された場合は、神祇官が卜占の結果を奏上するときに、あわせて天皇に伝えられる。そして、その犯土が天皇の身体に影響を及ぼさないように、祟りをしずめる「鎮謝」の祭りがおこなわれた。天暦六年（九五二）十二月十日の太政官符によると、このときの御体御卜では、中務省・民部省など九つの官庁における犯土が奏上され、それを受けて、太政官から神祇官に鎮謝の指示が出されている（『類聚符宣抄』第一・御体御卜）。天皇の居所である内裏だけでなく、諸官庁の犯土までもが問題とされるのは、官庁エリアをふくむ宮城（大内裏）全体が、広い意味での天皇の空間だったからであろう。

さらに注目されるのは、御体御卜において、土公の祟りの有無が占われることである。一四世紀の成立とされる『宮主秘事口伝《みやじひじくでん》』によると、御体御卜では、玉体に障りをなす可能性のある一〇種類の祟りについて、それが発生するか否かを占うことになっていた。

「神」「霊」「鬼気」「北辰」「竈神」といった、さまざまな要因による祟りの有無を確かめていくのであるが、そのなかに土公の祟りも含まれているのである。一二世紀前半にまとめられた文例集『朝野群載』には、承暦四年（一〇八〇）と康和五年（一一〇三）の六月に、神祇官が御体御卜の結果を奏上したときの奏文が載せられているが（巻六・神祇官）、このときはいずれも土公の祟りが発生するだろうと占われている。そして、平安宮の四隅、平安京の四隅、および山城国の六つの国境で、その祟りを治める祭りをしなければならないと奏している。

こうしてみると、御体御卜は、神祇官がつかさどる神事でありながら、陰陽道的色彩がむしろ濃厚であったこと、そして玉体の平安を維持するうえで、犯土の禁忌や土公の祟りといった、大地とかかわる危険因子が強く意識されていたことがわかるだろう。

土地を授ける行為

御体御卜の期間中は、天皇自身の行動にも制約があった。たとえば、行幸を慎み、できるだけ内裏で大人しくしているというのが、この期間中の天皇のあるべき姿だったらしい（『醍醐天皇御記』延長六年〈九二八〉十二月一日条）。そうした制約のひとつとして、御体御卜のあいだは封戸《ふこ》や田地の奏授をしてはならない、という決まりがあった。一〇世紀前半の細則法典『延喜式《えんぎしき》』が、

凡《およ》そ六月・十二月の御体御卜のあいだは、封戸および田を奏授するを得ざれ。

と述べるものであり（巻二十二・民部上）、九世紀後半の『貞観式』の逸文にも、同じ規定がみえている。

この決まりは、上級貴族に与えられる位封《いふ》・職封《しきふ》と位田《いでん》・職田《しきでん》の支給手続きにかかわる。一定数の戸を指定し、その戸が負担すべき租税を貴族の収入にあてるのが封戸の制度であるが、それには位階に応じてあたえられる「位封」と、官職に応じてあたえられる「職封」があった。また、一定面積の田地を給与としてあたえる制度にも、位階に応じた「位田」と、官職に応じた「職田」があった。『延喜式』の支給規定によると、この位封・職封あるいは位田・職田を対象の貴族にあたえる際には、民部省《みんぶしょう》がその旨の文書をつくり、それを女官《にょかん》に託して、天皇に奏上しなければならなかった（巻二十二・民部上）。つまり、これらの封戸や田地を授与するには、最終的に天皇の判断を仰ぎ、その裁可を得る必要があった。御体御卜のあいだに「奏授」をしてはならないというのは、この奏上と裁可による授与行為をしてはならないという意味である。

なぜ、封戸や田地の授与が禁じられるのだろうか。封戸については必ずしも明確でないが、田地については有力な手がかりがある。一一世紀の成立とみられる有職故実書に『侍中群要』があるが、そこには「位田の奏の事」として「土用のあいだ、またこれを奏せず」と記されている。天皇の裁可による位田の授与は、御体御卜の間だけでなく、土用の期間中もこれをおこなわないようにしている、というのである。前章で述べたように、土用のあいだは土気が強まるので、土の扱いに慎重にならなければならない。この期間中に位田の授与を避けるということは、その授与行為が、土気の危険に触れる可能性をもっていたことを示唆する。とすれば、御体御卜のときに位田・職田の授与を控えるのも、危険な土気の影響から、裁可の主体である天皇を守るための配慮とみることができよう。

土地を授けることが土気の危険を招くというのは、なかなか理解することがむずかしい。ただ、陰陽書において、土地売買が犯土にあたるかどうか議論されたり（『陰陽博士安倍孝重勘進記』大将軍方犯土造作忌否事）、特定の日に忌むべきものとされたり（『陰陽雑書』第五十二・田買忌日）しているのをみると、土地を授受する行為が、陰陽道の観点からみて、それなりの注意を要することがらであったのは確からしい。

また、興味ぶかい史料として、出雲《いずも》大社につかえる出雲国造が、一年間の潔斎《けっさい》（忌籠《いみごも》り）をしているあいだは、いわゆる班田収授《はんでんしゅうじゅ》を停止する、という規定が『延喜式』にみえている（巻三・臨時祭）。同じ規定によると、この潔斎期間中には「重刑を決する」ことも避けられたが、これは罪科を判定したり、罪人を処罰したりすることが、宗教的なケガレの原因になると考えられていたためである（神祇令11散斎条）。とすれば、班田収授が避けられるのも、収授によってケガレが発生しうると考えられていたからと推測できよう。

構造論的にいえば、ケガレの要因は〈秩序の乱れ＝流動化〉にあって、収授による土地の所属変動も、そのような乱れ＝流動化に該当するということかもしれない。

このように、土地の授受や所属変動には、陰陽道的な禁忌意識や、神道的なケガレ意識に触れる点がみとめられる。土地を授ける行為には、もともと宗教的なリスクがはらまれているのであり、玉体の将来にかかわる御体御卜の期間中に、天皇をそのような行為に関与させるわけにはいかなかったのだろう。

天皇のか弱き身体

中世には、日食や月食があると、天皇の御所を席《むしろ》で裹《つつ》むという作法があった。この作法に注目した黒田日出男は、その目的について、天皇の身体は、日食・月食の放つ妖光を天皇にあてないようにするためであると指摘した。そして、天皇の身体は、日本国の自然・社会秩序を体現するものであり、この作法は、そうした秩序の保全のために、「玉体安穏」を維持しようとする行為にほかならなかったと述べている（黒田・一九八七）。天皇の身体に土気の危険が及ばないようにする配慮も、同じような意味を持っているとみてよいだろう。

平安時代に、上記のような天皇の身体に対する特別な配慮がみられるのは、天皇が神として神聖視されていたためであろうか。そもそも天皇の地位が神格化されたのは、壬申《じんしん》の乱（六七二年）に勝利した天武《てんむ》天皇が、カリスマ的指導者として、絶大な神的権威を獲得したことによる（熊谷公男・二〇〇二）。古代史上最大の内乱を勝ちぬいた英雄は、人びとから神と崇《あが》められ、『万葉集』の歌でも「大王《おおきみ》は神にしませば」と讃えられた。この天武個人の神的権威が、天照大神《あまてらすおおみかみ》を皇祖とする神話体系に裏づけられ、ひとつの制度として受け継がれていく。その結果、八世紀（奈良時代）の天皇は、一般的に「現神」（この世に現れた神）として扱われるようになった。詔書《しょうしょ》（宣命《せんみょう》）の冒頭には、これは「現神（明神）御宇天皇」の言葉であると明示されたし、元日朝賀《がんじつちょうが》などの重要な儀式では、天皇は神を拝むのと同じように、拍手の作法によって臣下から拝礼されたのである。

ところが、平安時代になると、天皇の神性はあきらかに希薄化していく。「神から人へ」という、天皇の性格をめぐる本質的変化が起きるのである（坂上康俊・二〇〇二）。臣下から天皇に対する拝礼には、拝舞《はいむ》（左右に体を揺する作法）が用いられるようになり、神拝に通じる拍手の作法はおこなわれなくなる。また、宣命のなかでは、天皇は依然として「現神」（明神）と表現されるが、もっとも重要な即位の宣命は定型化してしまい、神として天皇位を継ぐというイデオロギーは、なかば形式的なものになっていく。天皇の権威の源泉が、神話に支えられた超越的神性とは別のもの（中国起源の天命思想など）に求められるようになったということだろう。

こうした変化は九世紀前半に生まれるが、さらに九世紀後半になると、いわゆる「幼帝」の出現という大きな変化が起きる。もともと天皇（大王）には、個人としての資質や、政治的経験の豊かさが求められ、その条件を満たした熟年（ほぼ四〇歳以上）の人物を即位させるのが通例であった。そうしたあり方は七世紀末から崩れはじめ、文武《もんむ》（一五歳）や聖武《しょうむ》（二四歳）のように、政治的に未熟な若年の天皇もあらわれるようになるが、九世紀後半に清和《せいわ》・陽成《ようぜい》が続けて九歳で即位してからは、さらに未熟な幼年の天皇さえ珍しくなくなるのである。これは、天皇の制度的地位が名実ともに確立し、どのような人物が即位しても支障がなくなったということであり、臣下を圧倒するような特別な個人的能力は、もはや天皇に求められる必須の要素ではなくなったことを意味する。

以上のような変化によって、平安時代の天皇は、貴族社会に埋めこまれたひとりの人間となり、（幼児でもありうる）そのか弱き身体が、日本国全体の自然・社会秩序の要とされることになる。そして、その特異な人身を危険な力から守るために、天皇は過剰なまでのタブーに包まれるようになる。土気に対する神経質な気遣いも、その一環にほかならない。平安時代の天皇が、土気の危険から守られなければならなかったのは、かれらが不可侵の神であったからではなく、か弱き身体を生きるひとりの人間として、日本国の秩序を一身に背負わされていたためだろう。

狩猟と行幸

天皇による狩猟

以上にみてきたように、平安時代の天皇は、大地の危険から守られるべく、周到なタブーにその身を包まれる存在になっていた。しかし、これは天皇あるいは大王の本来のすがたではない。もともと奈良時代までの天皇は、大地との濃密な関係のなかで、支配者としての地位を維持していたのである。それは、この時代の天皇が、精力的に行幸して、狩猟《しゅりょう》をしていたことによくあらわれている。以下、第一章の考察をふまえつつ、天皇による狩猟をみていきたい。

記紀や風土記には、天皇の狩猟伝承が少なからず残っており、まだ大王と呼ばれていた頃の天皇が、折にふれて遠行し、狩猟をしていたさまを伝えている。たとえば、『日本書紀』巻十四には、雄略《ゆうりやく》天皇をめぐる狩猟のエピソードが、いくつか収められている。まず、行幸した吉野の御馬瀬《みませ》で、役人を率いて狩猟をおこない、その獲物を「鮮《なます》」（獣肉を生食する料理）に作らせて食べようとした、という話がみえる（雄略天皇二年十月丙子条）。また、葛城山《かずらきやま》で狩猟をしていると、一事主神《ひとことぬしのかみ》があらわれたので、ともに馬を走らせて鹿を追い、矢を放つのを譲りあって、日暮れまで狩りを楽しんだとある（同四年二月条）。さらに、行幸した吉野の河上の小野で、役人に命じて鹿や猪を追わせ、それをみずから射止めようとした場面が描かれている（同四年八月庚戌条）。

これらの伝承から浮かびあがるのは、次のような狩猟の光景である。すなわち、天皇（大王）は行幸先の山野で、従者を引きつれて、大々的に狩猟を開催する。そこでは、天皇自身も馬に乗って山野を疾駆し、従者たちが追いこんだ禽獣《きんじゅう》を、みずから弓矢を使って射止める。獲物となるのは主に鹿や猪であり、天皇はそれらの肉を料理させて口に入れる。つまり、古い時代の天皇は、みずから大地を駆けめぐり、大地に生きる生命を「狩る」「食べる」行為を実践していたとみられるのである。

七世紀になると、「薬猟《くすりがり》」の記事が史料に散見するようになる。薬猟とは、主に陰暦五月五日におこなわれた、鹿茸《ろくじょう》を採るための鹿狩りの風習のことである。鹿茸は、生えかわったばかりの鹿の若角（袋角）で、それを乾燥させて強壮剤として使うのである。この鹿狩りの行事でも、天皇はみずから狩猟に参加した。『日本書紀』によれば、天智《てんじ》天皇は、多くの王族・群臣をしたがえて、近江の蒲生野《がもうの》や山城の山科野《やましなの》などで、薬猟をおこなっている（同天皇七年五月五日条・八年五月壬午条）。そのうち蒲生野での狩猟のときに、額田王《ぬかたのおおきみ》と大海人皇子《おおあまの》が歌の贈答をしたことは、多くの人に知られているだろう（『万葉集』巻一、二〇・二一番歌）。この薬猟においても、天皇は捕獲された鹿の肉を「贄《にえ》」として食べた可能性があるという（森田喜久男・一九八八）。

こうした天皇による狩猟の伝統は、八世紀、奈良時代にも引き継がれる。たとえば、『万葉集』には、聖武天皇の狩猟を題材とした山部赤人《やまべのあかひと》の歌があり（巻六・九二六番歌）、仏教説話集『日本霊異記《にほんりょういき》』にも、同天皇の狩猟をめぐる説話が残されている（上巻・第三十二縁）。前者の歌は、吉野の秋津の小野を舞台とするもので、人を配置して獣の足跡を読みとらせ、身を潜ませる鹿や猪を追いたてながら、騎馬の狩猟をしたようすが詠われている。後者の説話は、神亀四年（七二七）九月に大和国添上郡《そうのかみ》の山で、群臣を率いて狩猟をしたときの話である。追われた鹿が百姓の家のなかに逃げこみ、何も知らない家の者は、その鹿を殺して食べてしまう。それを聞いた天皇は、鹿を食べた男女一〇余人を捕えさせ、都の役所に収監するが、皇子の誕生による大赦で全員釈放された、という内容である。ここで鹿を食べた男女が逮捕されたのは、その鹿が本来、狩猟の獲物として天皇に食べられるべきものだったからであろう。これらの史料にも、みずから大地を駆けて鹿や猪を狩り、その肉を食べる天皇の姿があらわれている。

天皇の原始性

第一章では、クニの支配者が大地の象徴としての鹿・猪を狩り、その肉を食べることで、クニの大地の支配権を確認していたことを指摘した。さらに、それらの動物には大地の生命力＝国魂が宿っていて、クニの支配者は狩りの獲物を食べることにより、国魂をみずからの身体に摂取しているのではないかとも推測した。伝統的な共同体の首長は、「狩る」「食べる」という即物的行為をひとつの手段として、自身の支配的地位を維持していたと考えられる。

右にみたのは、奈良時代までの天皇が、そのような共同体首長と共通する支配権の確認行為をおこなっていた、という事実である。この段階の天皇（大王）は、王権の地盤である畿内の各地に行幸し、頻繁に狩猟を催していたとみてよいだろう。共同体の大地に対する首長と同じように、天皇は畿内の大地を駆けめぐり、そこに生きる生命を「狩る」「食べる」ことで、王権を支える大地の支配権を確認していたと考えられる。大地の支配原理においては、旧来の首長と天皇とのあいだに、根本的な違いはなかったのである。

ただ天皇は、国家全体を統治する君主として、みずからの支配権を列島全土の大地に及ぼす必要があった。そのために、地方から献上される狩猟の獲物を食べなければならなかった点に、一般的な首長との違いがある。

天皇に地方から献上される食材は御贄《みにえ》と呼ばれるが、御贄には狭義の「御贄」と「猲《かり》贄《にえ》」があった（『令集解』賦役令雑徭条古記）。狭義の御贄が魚介類・果菜類をさすのに対し、猲贄は狩猟の獲物としての鳥獣の肉をさす。平安後期の貴族・大江匡房《おおえのまさふさ》が、「昔の人は鹿を食うこと、殊《こと》に忌み憚《はばか》らざるか。上古の明王は常膳に鹿の宍《しし》を用いる」と述べているように（『江談抄』第二・四十六）、古い時代の天皇は、鹿肉をはじめとする猲贄を日常的に口にしていたのである（石上英一・一九八二、同・一九八八）。地方の山野に生きていた動物を食べ、その土地の国魂を自身に取りこむことで、天皇は列島全土にわたる大地の支配者としての地位を維持するのだろう。

このように、天皇は全国の大地に支配権を及ぼすために、地方の人びとによる狩猟の成果を利用していたが、そこでも「食べる」という即物的行為が、支配権の確認手段となっていたことに違いはない。抽象的理念ではなく、即物的行為によって支配を裏づける段階を、仮に「原始的」と評してよければ、奈良時代までの天皇の大地支配には、まさに原始的要素が色濃く残っていたのである。

ここでは狩猟を中心に、「狩る」「食べる」という即物的行為をみているが、そこに「見る」という行為を加えてもよいだろう。第一章では、クニの支配者が国見をおこない、大地を「見る」ことで支配権を確認していたことを述べたが、天皇もそれと同じように、国見の行為を実践していたからである。

天皇の国見のひとつは、香具山《かぐやま》に登っておこなうもので、直接的には、王権の本拠である大和の大地支配を確かめようとする行為である。香具山は「物実の土」の所在地であり、まさに大和の支配権を象徴する聖山として、天皇による国見儀礼の場ともなった。『万葉集』巻一・二番歌に、「天皇、香具山に登りて望国したまふ時の御製歌」と題する舒明《じょめい》天皇の国見歌がみえるように、代々の天皇は、香具山からの国見によって、大和の大地に対する伝統的な支配権を確認していたとみられる。

もうひとつの国見は、地方の行幸先でおこなうもので、天皇が列島全土にわたる大地の支配者であることを表現しようとする行為と考えられる。たとえば、養老元年（七一七）の美濃国行幸のとき、元正《げんしょう》天皇は途中の近江国で琵琶湖を「観望」しているが（『続日本紀』同年九月戊申条）、これは国見にあたる行為とみてよい。元正は前年に大嘗祭《だいじょうさい》をおこなったばかりで、この行幸には、新天皇の権威を地方にも知らしめる目的があったと思われる。実際、その期間中には、東国・西国の多くの国司が人びとを率いて行幸先にかけつけ、それぞれの地元の歌舞を奏して、天皇への服属の意を示している。このような、服属儀礼的な地方行幸において、各地の自然景観を「見る」ことにより、天皇の支配権が広く地方の大地にまで及んでいることが確認されるのだろう。

要するに、第一章で指摘した「見る」「狩る」「食べる」という大地支配の確認行為を、天皇は共同体首長と同じように実践していた。たしかに、律令国家の成立にともなって、天皇は君主としての新たな超越性を獲得したが、その基層には、旧来の首長と共通する、ある種の原始性が温存されていた。奈良時代の天皇は、大地と即物的に結びついていた共同体首長としての出自を、まだ完全には断ち切っていなかったのである。

鹿狩りから鷹狩りへ

こうした天皇と大地とのかかわりに変化が生まれるのが、平安時代の初めである。それは、鹿狩りから鷹狩りへ、という変化としてあらわれる。これまでみてきた鹿狩りが、弓矢で鹿などを獲る狩猟であるのに対し、鷹狩りは、鷹などの猛禽類を使って、主に野鳥を獲る狩猟である。

鷹狩りは朝鮮半島経由で伝来したらしく、『日本書紀』では、仁徳《にんとく》天皇の時代に、百済《くだら》の王族であった渡来人が、その技法を教えたとされている（同天皇四十三年九月庚子朔条）。六世紀頃の古墳から、鷹匠の人物埴輪が出土しているので（群馬県太田市・オクマン山古墳など）、早くから鷹狩りがおこなわれていたことは間違いない。律令国家が成立すると、兵部省《ひょうぶしょう》の管下に主鷹司《しゅようし》という役所がおかれ、鷹を専門的に調教することになった。ただし、奈良時代までの天皇が、鷹狩りの技法を使いこなしていた様子はない。

天皇と鷹狩りとの関係が強くなるのは、桓武《かんむ》天皇からである。桓武は、毎日政務が終わると、主鷹司に鷹をもってこさせ、みずから餌をやったり、爪・嘴の手入れをしたりするほど、鷹の飼養に熱心であったと伝えられる（『寛平御遺誡』）。鷹狩りの技法にも熟達していたはずで、その治世（七八一〜八〇六）のあいだに一二〇回以上もの開催が知られる遊猟では、みずから鷹を放って獲物をとっていたと考えられる。

中国では、狩猟は「帝王の常礼」ともいわれるように（写字台本『貞観政要』巻四・直言諫争）、天子たるものの必須の嗜《たしな》みとして、古来より重視されていた。その思想に影響された桓武は、中国的な天子として狩猟をおこなうべく、外来の技法であった鷹狩りを、王権専用の狩猟法として全面的に採用した、ということらしい（松本政春・一九九二）。もちろん、鷹狩りが百済系の技法で、桓武の母方の祖先と出所を同じくすることも関係しているだろう。延暦十四年（七九五）には、桓武の勅によって鷹の私的な飼養があらためて禁じられ、鷹狩りを王権の特許技能とすることが明確にされている（『日本後紀』同年三月辛未条）。

こうした鷹狩りへの移行を決定的なものにしたのは、桓武の息子の嵯峨《さが》天皇である。嵯峨は、鷹の調養法をまとめた『新修鷹経《しんしゅうたかきょう》』を編纂させたことで知られ、在位中（八〇九〜八二三）、七〇回以上もの遊猟を催したことが確認できる。彼がみずから鷹を操ったことは疑いないだろう。中国への志向が強く、皇帝にならって多くの制度改革をおこなった二人の君主（桓武・嵯峨）のもとで、天皇による狩猟は、鹿狩りから鷹狩りへと大きく転換したのである。

この転換は、天皇と大地とのかかわりに重大な変質をもたらしたはずである。まず、大地の象徴とされる鹿や猪が、天皇に直接捕食されなくなったことは、「狩る」「食べる」行為によって大地の支配権を確認するという、従来の論理を骨抜きにしたであろう。天皇は、共同体首長と同じレベルの原始的な確認行為ではなく、より高度なものに大地支配の根拠を求めることになる。そこで浮上してくるのが、後述する王土思想《おうどしそう》である。

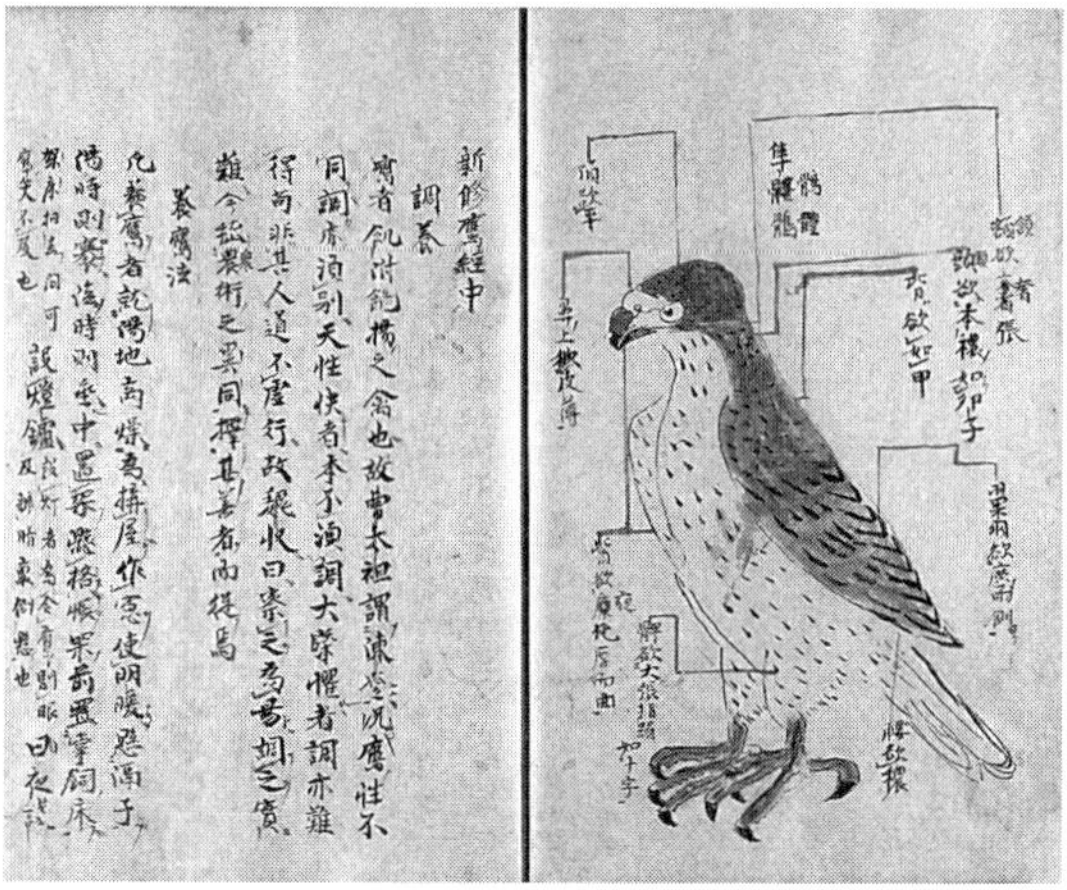

図24　『新修鷹経』（国立国会図書館所蔵）

いっぽう、鷹狩りが支配的になったことで、天皇の狩猟は遊興の度合いを強める。鷹狩りには洗練された技術が必要で、もともと生活に根ざしていた鹿狩りに比べると、その性格はスポーツあるいはレクリエーションに近いものがある（榎村寛之・一九九三）。また、天皇による鷹狩りは、平安京近郊の原野を催しの場とし、日帰り行幸でおこなうのが通例であった。天皇の狩猟は、都市の王者が郊外にあそぶ、文字どおりの「遊猟」と化し、大地支配の確認儀礼という本来の趣旨を希薄化させるのである。

野行幸の成立

このような天皇狩猟の矮小化の流れをうけて、一〇世紀には、「野《の》行《ぎょう》幸《こう》」と呼ばれる儀式化された鷹狩り行幸が成立する。これには、平安時代に起こった行幸自体の変化も深くかかわっている。

平安京に都が移ってから、天皇は地方（畿外）への大規模な宿泊行幸をほとんどおこなわなくなった。行幸といえば、上皇の居所に挨拶にうかがう朝観《ちょうきん》行幸、禊《みそぎ》のために鴨川などに赴く大嘗祭前の御禊《ごけい》行幸、そして鷹狩りのための行幸などが主なもので、京内もしくは京近郊への日帰り出行が中心となる。さらに九世紀後半になると、仏教的な殺生禁断の影響もあって、天皇による鷹狩りの機会まで激減し、最終的には天皇が内裏から出ること自体きわめて珍しくなる。奈良時代までの天皇は、精力的に遠行をし、多くの臣下や人民におのれの姿をさらしたが、平安時代の天皇は、内裏の奥に引きこもり、容易には人前にあらわれない、「動かない王」「見えない天皇」になっていくのである（仁藤敦史・一九九〇ａｂ）。これは天皇制が制度として安定し、もはや天皇の権威を人びとに見せつける必要がなくなったことを意味するが、同時に天皇という存在の神秘化をもたらすことになる。玉体安穏のために、天皇が過剰なタブーに包まれるようになるのは、以上のような天皇の不動化・不可視化と軌を一にしているのである。

こうした変化のなかで、機会の減った鷹狩りを辛うじて行幸儀礼として残したのが、「野行幸」である。その名のとおり、平安京近郊の「野」への行幸であり、かつての桓武や嵯峨の郊外行幸が〈鷹狩りのための行幸〉であったのに対し、これは〈行幸としての鷹狩り〉になっている。行幸自体が珍しくなるなかで、数少ない京外の活動である鷹狩りそのものが、行幸の儀式として位置づけ直されたのである。天皇と臣下を人格的に結びつける貴重な交歓の場として、行幸という装置が例外的に維持されたものといえよう。

野行幸の先がけとなったのは、光孝《こうこう》天皇による仁和二年（八八六）の芹川野《せりかわの》行幸であり、一〇世紀初頭の醍醐《だいご》朝には、延喜十七年（九一七）・十八年の北野行幸、延長六年（九二八）の大原野《おおはらの》行幸など、実施例が重ねられることによって、儀式としての野行幸が確立する。『源氏物語』行幸巻に描かれる冷泉《れいぜい》帝の大原野行幸は、延長六年の醍醐の野行幸をモデルにしているという（『河海抄』）。こうして完成した野行幸の儀式次第が、一〇世紀後半の儀式書『新儀式』にくわしく記されている（第四・野行幸事）。

それによると、行幸中の天皇をめぐる所作は、おおよそ次のようなものである。①天皇は御輿《みこし》に乗って内裏を出発し、従駕の一行とともに野の入口にいたる。②鷹飼《たかがい》をはじめとする狩人たちは、野に入って鷹狩りをおこない、いっぽう天皇は御在所につく。③天皇は朝食をとったあと、ふたたび御輿に乗って野に入り、鷹狩りを観覧する。狩人たちは獲物を献上する。④天皇が岡に上って、四方を望覧する場合もある。⑤侍臣が獲物の雉などを調理して、天皇に供膳する。

これによるかぎり、鷹狩りをするのは狩人に指名された技能者たちであり、天皇自身が狩りをおこなった形跡はどこにもない（榎村寛之・一九九三）。九世紀前半の天皇はみずから鷹を操っていたと思われるが、一〇世紀の天皇はもはや鷹狩りを見るだけで、自分では狩猟行為を実践していない可能性が高いのである。鹿狩りから鷹狩りに転換した時点で、天皇の「狩る」行為は、すでに大地支配の確認機能をほぼ失っていたが、この段階ではついに、天皇の「狩る」行為自体がなくなってしまったことになる。みずから大地を駆けめぐり、鹿や猪を射止めていた往年の天皇からすると、ここでの天皇のあり方は、大地から疎外された状態というほかないだろう。

岡の上から四方を望覧するのは、疑いなく国見の名残りであるし、獲物の雉を食べることも、獨贄の摂食には違いないが、大地支配の確認行為としては、すでに形骸化しているといわざるをえない。「見る」「狩る」「食べる」という即物的行為によって、天皇が大地との結びつきを維持していた段階は、完全に過去のものになったといってよいだろう。土気を恐れ、大地を警戒する天皇は、こうした変化のなかから生まれたのである。

食国から王土へ

「食国」の思想

クニの支配者が、農作物を食べることによって、クニ／大地の支配権を確認していたこと、その儀礼が「国占め」と呼ばれていたことを、第一章で指摘した。そこにみられたのは、作物に宿った大地の生産力、すなわち国魂を摂取することで、クニ／大地の支配者としての地位を保持することができる、という論理である。実は君主としての天皇もまた、列島全体にわたる国家／国土の支配者であるために、この農作物を「食べる」という、支配の確認行為を実践していた。そのことを示すのが、「食国」（ヲスクニ）という観念である。

「食国」とは、天皇の支配する国家／国土を意味する言葉で、天皇が発した奈良時代の宣命などにしばしばみられる。たとえば、聖武天皇が即位したときの宣命には、「食国天《あめの》下《した》の政《まつりごと》」「食国天下の業《わざ》」が、元明《げんめい》→元正→聖武と、代々の天皇に譲られてきたことが述べられている（『続日本紀』神亀元年〈七二四〉二月甲午条）。歴代の天皇が統治の対象としてきた天下＝日本全土が、「食国」と呼ばれているのである。

食国とは、言葉のとおり「食べる」（ヲス）国という意味で、その国の産物を食べることと、その国を政治的に支配することを、同一視する理念をあらわしている。統治することを「知らす」といい、その尊敬語である「知らしめす」をしばしば「所知食」とも表記したが、支配を意味する語に「食」の字があてられているように、ここにも同じ理念が示されている。こうした理念が生まれた背景には、実際に各地のクニから食物が献上され、それを天皇が食べることによって、天皇とクニグニとの支配‐服属関係が確かめられていた事実があるとみられる。そして、それを即位儀礼として象徴化したものが、一代一度の大嘗祭にほかならないと考えられている。

大嘗祭が制度化されたのは、七世紀後半の天武天皇の時代である。その儀礼としての眼目は、地方から献上された新穀を、天皇と神がともに食べることにより、神から承認された君主として、天皇に地方支配の資格を得させることにある。具体的には、畿外諸国を東国・西国にわけて、それぞれの代表となる悠紀《ゆき》・主基《すき》の国郡を卜定《ぼくじょう》し、その斎田《さいでん》から収穫・献上された新穀を、天皇から神に捧げると同時に、天皇自身も食べるのである。その原型になったとみられるのが、七世紀前半以前にあったであろう定期的な服属儀礼で、そこではおそらく、それぞれのクニの支配者（国造）から初穂の稲が献上され、それを大王が一律に食べることで、全国の地方勢力の従属が確認されていたと考えられる。大嘗祭における悠紀国・主基国は、そのような全国の地方勢力の象徴として選ばれるようになったもので、その二国の新穀を食べることは、そのまま国家／国土全体を支配することを意味したのである（岡田精司・一九六二、大津透・一九九九）。

食国という言葉には、このような、食物を媒介とした国家／国土支配の理念がこめられている。その食物には、穀物だけでなく、海の幸・山の幸も含まれうるが、『古事記』では、「食国の政」と「山海の政」が区別されているので（応神段）、本来は稲を中心とする穀物を食べることが、「食国」の中核をなしていたのだろう。クニの支配者による「国占め」儀礼では、主に穀物を食べていたとみられるが、その「国占め」の論理を列島規模に拡大したものが、天皇にかかわる「食国」の理念であったと考えられる。そこにはおそらく、食物の摂取を通じて地方の国魂を天皇のものにするという、呪術的・宗教的な考えが含まれていたのであろう。

王土思想の前面化

このように天皇は、狩猟の獲物を「食べる」だけでなく、農作物を「食べる」ことによっても、大地の支配権を確認していた。というより、国家／国土支配者としての正統性という点では、農作物としての稲を食べることこそ、本質的な条件であっただろう。ここでも天皇は、「国占め」をおこなっていたクニの支配者＝首長と同じように、即物的行為の実践によって大地の支配者たりえていた。

ところが、ある段階から、即物的行為を必ずしも必要としない、抽象的な大地支配の理念が浮上してくる。それが、中国から受容された王土思想である。天の下にある国土はすべて天命を受けた天子＝帝王のものであるとして、君主による土地支配を正当化する思想であり、『詩経《しきよう》』小雅・北山の「溥天《ふてん》の下、王土に非ざる莫《な》し」という詩句に、その典拠がもとめられる。これは、天帝からの委託＝天命によって、天子＝皇帝が地上世界を統治しているという、中国特有の天命思想にともなう支配理念で、正統な君主による国土支配を無条件に認めるものといえる。中国では歴代の王朝が、この王土思想を前提として、さまざまな土地政策を実施してきたのである。

日本でも、王土思想をふまえた文章は早くから知られていたらしく、『日本書紀』には、すでに『詩経』の詩句に類似する表現がみられる（安閑天皇元年閏十二月壬午条など）。しかし、それが思想として実質的に機能していたかどうかは疑わしい。むしろ、日本において、王土思想が国家統治の理念として十全に機能しはじめるのは、律令国家が大きく変質する平安時代以降であるといってよい。たとえば、延喜二年（九〇二）には、公務に従わない連中を厳しく使役するために、「すべては王土であって、どうしてそこの人間が公務を拒めようか」と責める法令が出されている（『類聚三代格』巻二十・同年四月十一日官符）。また天慶三年（九四〇）には、朝廷に背いた平将門《たいらのまさかど》を討伐すべく、「どうして地上のすべてが王土でないことがあろうか」と檄が飛ばされている（『本朝文粋』巻二・同年正月十一日官符）。流動化する時代のなかで、あらためて国家統合を必要とするときに、国土すべてを一律に君主のものとする、王土思想が強調されるようになるのである。

このように、一〇世紀頃から王土思想が本格的に前面化していくが、その流れを生みだす転機となったのは、平安時代を切り開いた桓武天皇の時期であったと思われる。桓武は、天子が天帝をまつる中国式の昊天《こうてん》祭祀をはじめて実施したことで知られ、天命思想にもとづいて中国的な皇帝を自覚的に追及しようとした、最初の天皇ではなかったかといわれている（早川庄八・一九八七）。この桓武によって、天命思想にともなう王土思想が重視されたことは、想像に難くない。おそらくこの頃から、食国の理念以上に、王土思想に依拠しようとする傾向が強まっていくのであろう。

その点で興味ぶかいのが、『日本霊異記』下巻・第三十九縁にのこされた、著者景戒《けいかい》の文章である。九世紀初頭の同時代を生きた嵯峨天皇を論評するものであるが、そこで景戒は、嵯峨を聖君ではないとする意見に対して、次のように反論している。

食国のうちの物は、みな国皇の物にして、針を指すばかりの末だに、私《わたくし》の物かつて無し。国皇の自在のまにまにの儀なり。百姓と雖《いえど》もあえて誹《そし》らむや。

食国にあるものは、すべて「国皇」＝天皇のものであり、針の先ほども私有物はない。天皇の思いのままにすべきであって、どうして非難などできようか、という内容である。注目されるのは、「食国」という古風な言葉を持ちだしながら、そこに託された理念は王土思想的なものになっている点である。「溥天の下、王土に非ざる莫し」の詩句のとおり、「国土のうちに帝王の土地でないものはない」とするのが王土思想の論理であり、景戒の主張がこれに立脚して述べられていることは明らかであろう。ここには、食国の理念が王土思想によって凌駕されていく過程が、如実にあらわれているのではなかろうか。

「食国」から「王土」への重点のシフトが認められるとすれば、その歴史的意義は甚だ大きい。「食べる」という即物的行為によって、天皇の国土支配が確認されていた段階から、中国伝来の抽象的理念によって、天皇の国土支配が無条件に認められる段階に移行したことになるからである。これは、天皇による支配の原理が、共同体首長と共通するものから、中国皇帝と共通するものへと、大きく飛躍したことを意味する。奈良時代から平安時代への移り変わりのなかで、天皇は「原始的」な王者としての性格を弱め、「文明化」された君主へと変貌をとげていくのだろう。そして皮肉なことに、その変貌＝「文明化」

の結果として、過剰なタブーに包まれた神秘的な天皇が生まれてくるのである。

大地をめぐる「未開」と「文明」――エピローグ

五章にわたって、大地をめぐる古代の人びとの営みをみてきた。それぞれの章で異なるテーマを扱ったので、全体を通じてひとつの結論に到達する、という作りにはなっていない。ただ、あらためて振り返ってみると、すべての章に伏流する共通の問題意識があったように思う。それは、大地と人間とのかかわりを通して、古代日本社会における「未開」と「文明」の関係を明らかにすること、あるいは古代日本社会の「文明化」の過程を跡づけることである。

日本古代における「未開」と「文明」

ここでは、中国からの律令制の導入とともに全面化してくる新たな社会傾向を「文明」、それ以前から日本列島にみられる伝統的な社会傾向を「未開」と表現している。後進的な列島社会が、先進的な中国をモデルに発展していく、という含意はあるが、進化主義的な見方をとくに強調しようとしているわけではない。ここでの「未開」と「文明」の区別はあくまで相対的なものであり、なにか絶対的な指標の有無によって、両者を明確に色分けできるとは考えていない。

そのうえでなお、「未開」と「文明」を特徴づけるとすれば、やはりマジカルな要素の濃淡ということが、重要な基準のひとつになってくるだろう。在来の列島社会に、呪術的な傾向が色濃く認められるいっぽう、中国伝来の律令制的諸要素に、そうした傾向を排除しようとする性格があるとすれば、前者を「未開」なもの、後者を「文明」的なものと位置づけることは一応許されよう。このとき「文明化」という言葉は、「呪術からの解放」「自然の脱魔術化」といったものをあらわすことになる。

「文明化」の三つの展開

このような枠組みのもとに、本書での議論をまとめ直すと、たとえば大地の生命力＝国魂を媒介としたクニの支配、「見る」「狩る」「食べる」といった即物的行為による大地支配の確認、大地の開発における神霊への配慮などは、列島社会の「未開」な傾向を示すものとなろう。いっぽう、それに対比される「文明化」の内容としては、以下のようなものが挙げられる。すなわち、大地の神霊に対する畏怖《いふ》感情を払拭《ふっしょく》すること、大地に均一な地割を施し、計算可能なものとして規格化すること、王土思想という抽象的理念によって大地支配を正当化すること、そして大地と人間との接触を希薄化すること、などである。

列島の「未開」社会が、律令制的原理によって「文明化」されていくなかで、大地と人間との関係は大きく変化したとみてよいだろう。ただし、その変化はけっして単線的なものではなかった。ひとつには、「文明化」の進展にもかかわらず、「未開」の要素が根強く残ったということがある。たとえば、大地の開発が権力的に進められるようになっても、神霊の存在を完全に無視することはできなかったし、大地が物件として売買されるようになっても、本主と土地とのあいだの感情的・宗教的なつながりが消えることはなかった。大地と人間とのマジカルな関係には、「文明化」に抗して生き続ける部分があったことを、忘れてはならないだろう。

もうひとつ注意されるのは、マジカルな要素を排除する「文明化」によって、かえってマジカルな要素がもたらされる場合がある、という点である。平安貴族は、純粋な都市民になることで、大地との濃密な接触から解放されたが、それによって逆に、大地に対する禁忌意識が肥大化し、神経質なまでに大地の祟りを恐れるようになった。また天皇は、大地を駆けめぐって狩猟をすることがなくなり、「未開」な王＝首長としての性格を弱めたが、その結果、過剰な呪術的タブーに身を包まれた存在として、みずからの神秘性を高めることになった。これらは「文明化」にともなう一種の逆説であり、新たなかたちでの

「未開」の回帰ともいえるだろう。

以上から、「未開」と「文明」にかかわる、三つの展開の系列がみえてくる。①「文明化」による「未開」の払拭、②「文明化」に抗する「未開」の残存、③「文明化」にともなう新たな「未開」の出現、である。奈良時代から平安時代にかけての歴史的展開は、この三つの系列の絡み合いとして理解できるのではなかろうか。そして、古代において「日本的なるもの」の発生があるとすれば、それは三つの系列の複合から生まれてくるのではないだろうか。大地をめぐる本書の考察がたどり着いた、ひとつの問いである。

あとがき

本書では、古代の列島の人びとが育んだ、大地をめぐる豊かな思惟世界を描き出そうと試みた。心がけたのは、律令制にともなう「文明化」の流れのなかで、その思惟世界をとらえることである。なぜ「大地」なのかと問われれば、「人間にとってもっとも本源的な実在のひとつだから」と答えるしかない。

大地は「空気」「水」「火」などとともに、人間の生存に不可欠な物質上の基本要素をなしている。しかも大地には、しっかりとした「手ごたえ《レジスタンス》」があるという、他の要素にはないユニークな特色がみとめられる（ガストン・バシュラール『大地と意志の夢想』）。ある面において、古代以来の人間の歴史は、抵抗《レジステ》する大地との物理的格闘として営まれてきたといっても過言ではないだろう。そして、その格闘のなかから、さまざまな精神的果実が生み出されてきたことは、いうまでもないだろう。

このような大きな対象に取り組むには、歴史学の方法だけでは不十分なところがある。

そこで本書では、関連する異分野の成果を積極的にとり入れることにした。人類学・民俗学・国文学・宗教学・神話学といった諸分野の業績である。これは筆者にとって、ひとつの挑戦であると同時に、初心への回帰という意味合いをも持っている。あらゆる知は地下茎でつながっていて、学問を志すからには、その地下茎を掘り起こせるような学者にならねばならない、とずっと思い続けてきた。結局、そのような学者として自己を大成させるには、筆者はあまりにも怠惰であり不器用であったが、研究者としての残り時間も少なくなってきて、学部生時代からの考えを最後まで押し殺したままにするのも少々卑屈にすぎるのではないかと思うようになり、本書では非力をかえりみず、専門分野以外の古典的研究にも言及させてもらうことにした。

平成の三〇年のあいだに、古代史学は大きく様変わりし、先端的な新研究が花開くいっぽうで、構造論的次元の把握をめざすような研究は敬遠されるようになったと感じる。そういう時代に、本書のような書物をあらわすことは、野蛮であり勇気のいることであるが、学生から「先生、文人みたいですね」とからかわれるような人間の所業と諦めて、大目に見ていただけると幸いである。

本書を完成させるにあたっては、吉川弘文館の石津輝真・若山嘉秀両氏に、お力添えをたまわった。石津氏には、執筆の遅れを辛抱強く我慢していただいたのみならず、折にふれて激励の声をかけていただいた。編集・製作の若山氏には、原稿を丁寧に検討していただいたほか、図版の掲載に関して、多大なご尽力をたまわった。お二人にお礼を申し上げたい。

ヴィトゲンシュタインは、純粋な論理空間で思考していたかつての自分を批判し、そのすがたを、つるつるした氷の上にいて歩けない状態にたとえた。そして、歩くための摩擦を取り戻すべく、「ざらざらした大地」に帰ることを宣言した（『哲学探究』）。筆者もまた、思索の羽を広げすぎないよう、歴史学にとっての「ざらざらした大地」である史料に、あらためて立ち返ることにしたい。

二〇一九年十一月七日

三　谷　芳　幸

参考文献

【古代に大地的霊性を探る――プロローグ】

鈴木大拙『日本的霊性』『鈴木大拙全集　第八巻』岩波書店、一九九九年増補新版、初刊一九四四年

兵藤裕己『琵琶法師』岩波新書、二〇〇九年

松村雄介『神奈川の石仏』有隣堂、一九八七年

【大地と国魂】

石上英一「律令体制と分業体系」吉川真司・大隅清陽編『展望日本歴史6　律令国家』東京堂出版、二〇〇二年、初出一九八二年

石上英一「日本古代における所有の問題」『律令国家と社会構造』名著刊行会、一九九六年、初出一九八八年

石母田正「日本神話と歴史」『石母田正著作集　第十巻　古代貴族の英雄時代』岩波書店、一九八九年、初出一九五九年

石母田正『日本の古代国家』岩波文庫、二〇一七年、初刊一九七一年

E・E・エヴァンズ＝プリチャード『ヌアー族の宗教』向井元子訳、平凡社、一九九五年

E・E・エヴァンズ＝プリチャード『ヌアー族』向井元子訳、平凡社、一九九七年

岡田精司「大化前代の服属儀礼と新嘗」『古代王権の祭祀と神話』塙書房、一九七〇年、初出一九六二年
岡田精司「古代伝承の鹿」『古代祭祀の史的研究』塙書房、一九九二年、初出一九八八年
折口信夫「国文学の発生（第三稿）」『折口信夫全集1　古代研究（国文学篇）』中央公論社、一九九五年、初出一九二九年
折口信夫「神々と民俗」『折口信夫全集20　民族史観における他界観念・神道宗教化の意義（神道・国学論）』中央公論社、一九九六年、初出一九五四年
鎌田元一「日本古代の「クニ」」『律令公民制の研究』塙書房、二〇〇一年、初出一九八八年
岸俊男「万葉歌の歴史的背景」『宮都と木簡』吉川弘文館、一九七七年、初出一九七一年
工藤健一「土砂考」増尾伸一郎・工藤・北條勝貴編『環境と心性の文化史　上　環境の認識』勉誠出版、二〇〇三年
国立歴史民俗博物館編『中世商人の世界』日本エディタースクール出版部、一九九八年
小松和彦「神霊の変装と人間の変装」『神々の精神史』講談社学術文庫、一九九七年、初出一九七二年
小松和彦「蓑笠をめぐるフォークロア」『異人論』ちくま学芸文庫、一九九五年、初出一九八三年
西郷信綱『古事記の世界』『西郷信綱著作集　第一巻　記紀神話・古代研究Ⅰ　古事記の世界』平凡社、二〇一〇年、初刊一九六七年
西郷信綱『古代人と夢』『西郷信綱著作集　第二巻　記紀神話・古代研究Ⅱ　古代人と夢』平凡社、二〇一二年、初刊一九七二年

坂江渉「「国占め」神話の歴史的前提」『日本古代国家の農民規範と地域社会』思文閣出版、二〇一六年、初出二〇一三年
櫻井満「天の香具山」『櫻井満著作集　第四巻　万葉集の民俗学的研究（下）』おうふう、二〇〇〇年、初出一九八七年
土橋寛「〝見る〟ことのタマフリ的意義」『土橋寛論文集　上　万葉集の文学と歴史』塙書房、一九八八年、初出一九六一年
土橋寛「霊魂」『土橋寛論文集　下　日本古代の呪禱と説話』塙書房、一九八九年、初出一九六二年
土橋寛『古代歌謡と儀礼の研究』岩波書店、一九六五年
土橋寛『日本語に探る古代信仰』中公新書、一九九〇年
直木孝次郎「〝やまと〟の範囲について」『直木孝次郎　古代を語る5　大和王権と河内王権』吉川弘文館、二〇〇九年、初出一九七五年
平林章仁『鹿と鳥の文化史』白水社、一九九二年
松前健「大己貴命崇拝とその神話の形成」『松前健著作集　第八巻　出雲神話の形成』おうふう、一九九八年、初出一九七〇年
松村武雄『日本神話の研究　第三巻　個分的研究篇（下）』培風館、一九五五年
真弓常忠『天香山と畝火山』学生社、一九七一年
三谷栄一『日本文学の民俗学的研究』有精堂出版、一九六〇年
宮地直一「国魂神の信仰」『神祇と国史』古今書院、一九二六年、初出一九二五年

守屋俊彦「大国主神の性格」「天の香具山」『日本古代の伝承文学』和泉書院、一九九三年、初出一九七六年・一九九〇年

【大地の開発】

赤坂憲雄「杖と境界をめぐる風景／標の梲」『境界の発生』講談社学術文庫、二〇〇二年、初出一九八八年
飯田剛彦『正倉院の地図』ぎょうせい、二〇〇九年
江浦洋「古代の土地開発と地鎮め遺構」『帝京大学山梨文化財研究所研究報告』第七集、一九九六年
江浦洋「水田開発と地鎮め遺構」増尾伸一郎・工藤健一・北條勝貴編『環境と心性の文化史　上　環境の認識』勉誠出版、二〇〇三年
ミルチャ・エリアーデ『大地・農耕・女性』堀一郎訳、未来社、一九六八年
ミルチャ・エリアーデ『聖と俗』風間敏夫訳、法政大学出版局、一九六九年
大町健『日本古代の国家と在地首長制』校倉書房、一九八六年
岸俊男「日本都城制総論」『日本の古代9　都城の生態』中公文庫、一九九六年、初出一九八七年
岸本直文「七世紀後半の条里施工と郷域」『条里制・古代都市研究』三〇、二〇一五年
金田章裕『古代国家の土地計画』吉川弘文館、二〇一八年
小松和彦「国占めと国譲りをめぐって」『神々の精神史』講談社学術文庫、一九九七年、初出一九七七年

高島英之「墨書村落祭祀論序説」『出土文字資料と古代の東国』同成社、二〇一二年、初出二〇〇〇年
多田一臣「夜刀神説話を読む」『古代国家の文学』三弥井書店、一九八八年、初出一九八七年
平川南「呪符木簡(1)「龍王」呪符」『古代地方木簡の研究』吉川弘文館、二〇〇三年、初出一九九五年
藤井一二『東大寺開田図の研究』塙書房、一九九七年
三鬼清一郎「普請と作事―大地と人間―」『日本の社会史　第八巻　生活感覚と社会』岩波書店、一九八七年
山口昌男「文化と両義性」『山口昌男著作集5　周縁』筑摩書房、二〇〇三年、初出一九七五年
義江明子『古代王権論』岩波書店、二〇一一年
吉川真司「律令体制の展開と列島社会」『列島の古代史8　古代史の流れ』岩波書店、二〇〇六年
吉田孝『律令国家と古代の社会』岩波書店、一九八三年
吉村武彦「初期庄園の耕営と労働力編成」『日本古代の社会と国家』岩波書店、一九九六年、初出一九七四年

【大地の所有と売買】

荒木敏夫「八・九世紀の在地社会の構造と人民」『歴史学研究別冊特集　世界史における民族と民主主義』一九七四年
石井良助『刑罰の歴史』明石書店、一九九二年
井原今朝男『日本中世債務史の研究』東京大学出版会、二〇一一年

勝俣鎮夫「地発と徳政一揆」『戦国法成立史論』東京大学出版会、一九七九年
勝俣鎮夫『一揆』岩波新書、一九八二年
菊地康明『日本古代土地所有の研究』東京大学出版会、一九六九年
小谷汪之「土地と自由」小谷・山本真鳥・藤田進『21世紀歴史学の創造3　土地と人間』有志舎、二〇一二年
坂上康俊「古代日本の本主について」『史淵』一二三、一九八六年
杉島敬志編『土地所有の政治史—人類学的視点』風響社、一九九九年
鈴木哲雄「中世における土地の所有と売買」『歴史学研究』七七四、二〇〇三年
鈴木哲雄「中世前期における下級土地所有の特質と「職」」渡辺尚志・長谷川裕子編『中世・近世土地所有史の再構築』青木書店、二〇〇四年
戸田芳実「十—十三世紀の農業労働と村落」『初期中世社会史の研究』東京大学出版会、一九九一年、初出一九七六年
中田薫「売買雑考」『法制史論集　第三巻上』岩波書店、一九四三年a
中田薫「法制史漫筆」『法制史論集　第三巻下』岩波書店、一九四三年b
中村吉治「古代日本の土地所有制について」同編『土地制度史研究』芳恵書房、一九四八年
仲森明正「日本律令制下の売買文書の特質」直木孝次郎先生古稀記念会編『古代史論集　中』塙書房、一九八八年
仁井田陞『中国法制史研究　土地法・取引法』東京大学出版会、一九八〇年補訂版、初刊一九六〇年

仁井田陞『唐宋法律文書の研究』東京大学出版会、一九八三年復刻版、初刊一九三七年
西谷正浩『日本中世の所有構造』塙書房、二〇〇六年
長谷川裕子「「モノのもどり」をめぐる日本中・近世史研究」『歴史評論』七七九、二〇一五年
松田行彦「「常地」を切る」『古代日本の国家と土地支配』吉川弘文館、二〇一九年、初出二〇〇二年
馬淵東一「中部台湾および東南アジアにおける呪術的・宗教的土地所有権」『馬淵東一著作集　第二巻』社会思想社、一九七四年
マルセル・モース『贈与論　他二篇』森山工訳、岩波文庫、二〇一四年
吉田晶『日本古代村落史序説』塙書房、一九八〇年
吉村武彦「賃租制の構造」『日本古代の社会と国家』岩波書店、一九九六年、初出一九七八年

【大地の禁忌】

池田温「中国歴代墓券略考」『東洋文化研究所紀要』八六、一九八一年
今尾文昭「新益京の鎮祭と横大路の地鎮め遺構」『律令期陵墓の成立と都城』青木書店、二〇〇八年、初出一九九四年
岸俊男「大宰府出土の「買地券」」「大宰府出土の買地券」「「矢田部益足買地券」考釈」『遺跡・遺物と古代史学』吉川弘文館、一九八〇年、初出一九七九年・一九八〇年a・一九八〇年b
坂出祥伸「我が国における地鎮儀礼と犯土の観念」武田時昌編『陰陽五行のサイエンス　思想編』京都大学人文科学研究所、二〇一一年

笹山晴生「藤原良房の史的位置」『平安初期の王権と文化』吉川弘文館、二〇一六年、初出二〇一五年
繁田信一『平安貴族と陰陽師』吉川弘文館、二〇〇五年
大韓民国文化財管理局編『武寧王陵』永島暉臣慎訳、学生社、一九七四年
滝川政次郎「百済武寧王妃墓碑陰の冥券」「百済武寧王妃墓碑々陰冥券考追考」『古代文化』二四—三・七、一九七二年
詫間直樹「方違と犯土について」上杉和彦編『生活と文化の歴史学1　経世の信仰・呪術』竹林舎、二〇一二年
冨谷至「黄泉の国の土地売買」『大阪大学教養部研究集録（人文・社会科学）』三六、一九八七年
ベルナール・フランク『方忌みと方違え』斎藤広信訳、岩波書店、一九八九年
間壁葭子「富比売墓地買地券の検討」『吉備古代史の基礎的研究』学生社、一九九二年、初出一九八〇年
増尾伸一郎「氏神・土の気・竈神とその鉱脈」『叢書　想像する平安文学7　系図をよむ／地図をよむ』勉誠出版、二〇〇一年
増尾伸一郎「『天地八陽神呪経』と土公神祭祀」『道教と中国撰述仏典』汲古書院、二〇一七年、初出一九九四年
村木二郎「墓碑・墓誌・買地券」『文字と古代日本4　神仏と文字』吉川弘文館、二〇〇五年
村山修一「わが国における地鎮及び宅鎮の儀礼・作法について」『修験・陰陽道と社寺史料』法藏館、一九九七年、初出一九九〇年

森郁夫『日本古代寺院造営の研究』法政大学出版局、一九九八年
森郁夫・藪中五百樹『鎮めとまじないの考古学　下　鎮壇具からみる古代』雄山閣、二〇一三年
森公章「長屋王家木簡と田庄の経営」『長屋王家木簡の基礎的研究』吉川弘文館、二〇〇〇年、初出一九九八年
森川実「平城京の地鎮とその執行者」奈良文化財研究所編集・発行『文化財学の新地平』二〇一三年
山下克明「陰陽道の典拠」『平安時代の宗教文化と陰陽道』岩田書院、一九九六年、初出一九八二年
山下克明「陰陽道の成立と儒教的理念の衰退」『平安時代陰陽道史研究』思文閣出版、二〇一五年、初出二〇〇七年
山下克明『陰陽道の発見』日本放送出版協会、二〇一〇年
李宇泰「韓国の買地券」稲田奈津子訳、『都市文化研究』一四、二〇一二年

【大地と天皇】

石上英一【大地と国魂】掲出論文、一九八二年・一九八八年
榎村寛之「野行幸の成立」『ヒストリア』一四一、一九九三年
大津透「食国天下の政と服属儀礼」『古代の天皇制』岩波書店、一九九九年
岡田精司【大地と国魂】掲出論文、一九六二年
河音能平「王土思想と神仏習合」『河音能平著作集　第二巻　天神信仰と中世初期の文化・思想』文理閣、二〇一〇年、初出一九七六年

熊谷公男『日本の歴史03　大王から天皇へ』講談社学術文庫、二〇〇八年、初刊二〇〇一年
黒田日出男「こもる・つつむ・かくす」『王の身体　王の肖像』ちくま学芸文庫、二〇〇九年、初出一九八七年
斎藤英喜「玉躰と祟咎」『日本文学』三八―一、一九八九年
坂上康俊『日本の歴史05　律令国家の転換と「日本」』講談社学術文庫、二〇〇九年、初刊二〇〇一年
仁藤敦史「古代国家における都城と行幸」『古代王権と都城』吉川弘文館、一九九八年、初出一九九〇年a
仁藤敦史「古代王権と行幸」『古代王権と官僚制』臨川書店、二〇〇〇年、初出一九九〇年b
早川庄八「律令国家・王朝国家における天皇」『天皇と古代国家』講談社学術文庫、二〇〇〇年、初出一九八七年
林陸朗「桓武天皇と遊猟」『栃木史学』一、一九八七年
平中苓次「王土思想の考察」『中国古代の田制と税法』東洋史研究会、一九六七年
松本政春「桓武天皇の鷹狩について」『律令兵制史の研究』清文堂出版、二〇〇二年、初出一九九二年
村井章介「王土王民思想と九世紀の転換」『日本中世境界史論』岩波書店、二〇一三年、初出一九九五年
森田喜久男「日本古代の王権と狩猟」『日本歴史』四八五、一九八八年
安江和宣「御体御卜に関する一考察」『神道祭祀論考』神道史学会、一九七九年、初出一九七六年
弓野正武「平安時代の鷹狩について」『民衆史研究』一六、一九七八年

【大地をめぐる「未開」と「文明」――エピローグ】

ノルベルト・エリアス『文明化の過程　上・下』赤井慧爾・中村元保・吉田正勝・波田節夫・渡辺敬一・羽田洋・藤平浩之訳、法政大学出版局、二〇一〇年改装版

ホルクハイマー、アドルノ『啓蒙の弁証法』徳永恂訳、岩波文庫、二〇〇七年

【本書にかかわる著者の執筆文献】

三谷芳幸「古代天皇と土地の禁忌」武光誠編『古代日本の政治と宗教』同成社、二〇〇五年

三谷芳幸『律令国家と土地支配』吉川弘文館、二〇一三年

三谷芳幸「古代の土地制度」『岩波講座日本歴史　第4巻　古代4』岩波書店、二〇一五年

著者略歴

一九六七年、香川県に生まれる

一九九八年、東京大学大学院人文社会系研究科博士課程単位取得退学、博士(文学)

現在、筑波大学人文社会系准教授

〈主要著書・論文〉

『律令国家と土地支配』(吉川弘文館、二〇一三年)

『ここまで変わった日本史教科書』(共著、吉川弘文館、二〇一六年)

「古代の土地制度」(『岩波講座日本歴史　第4巻　古代4』岩波書店、二〇一五年)

「受領と地方社会」(佐藤信編『古代史講義』ちくま新書、二〇一八年)

歴史文化ライブラリー

493

大地の古代史

土地の生命力を信じた人びと

二〇二〇年(令和二)二月一日　第一刷発行

著　者　三《み》谷《たに》芳《よし》幸《ゆき》

発行者　吉川道郎

発行所　株式会社　吉川弘文館

東京都文京区本郷七丁目二番八号

郵便番号一一三―〇〇三三

電話〇三―三八一三―九一五一〈代表〉

振替口座〇〇一〇〇―五―二四四

http://www.yoshikawa-k.co.jp/

印刷＝株式会社　平文社

製本＝ナショナル製本協同組合

装幀＝清水良洋・高橋奈々

ISBN978-4-642-05893-3

歴史文化ライブラリー

1996. 10

刊行のことば

現今の日本および国際社会は、さまざまな面で大変動の時代を迎えておりますが、近づきつつある二十一世紀は人類史の到達点として、物質的な繁栄のみならず文化や自然・社会環境を謳歌できる平和な社会でなければなりません。しかしながら高度成長・技術革新にともなう急激な変貌は「自己本位な刹那主義」の風潮を生みだし、先人が築いてきた歴史や文化に学ぶ余裕もなく、いまだ明るい人類の将来が展望できていないようにも見えます。このような状況を踏まえ、よりよい二十一世紀社会を築くために、人類誕生から現在に至る「人類の遺産・教訓」としてのあらゆる分野の歴史と文化を「歴史文化ライブラリー」として刊行することといたしました。

小社は、安政四年（一八五七）の創業以来、一貫して歴史学を中心とした専門出版社として書籍を刊行しつづけてまいりました。その経験を生かし、学問成果にもとづいた本叢書を刊行し社会的要請に応えて行きたいと考えております。

現代は、マスメディアが発達した高度情報化社会といわれますが、私どもはあくまでも活字を主体とした出版こそ、ものの本質を考える基礎と信じ、本叢書をとおして社会に訴えてまいりたいと思います。これから生まれでる一冊一冊が、それぞれの読者を知的冒険の旅へと誘い、希望に満ちた人類の未来を構築する糧となれば幸いです。

吉川弘文館

歴史文化ライブラリー

歴史文化ライブラリー

中世の巨大地震――矢田俊文
大飢饉、室町社会を襲う！――清水克行
贈答と宴会の中世――盛本昌広
出雲の中世 地域と国家のはざま――佐伯徳哉
山城国一揆と戦国社会――川岡 勉
中世武士の城――齋藤慎一
戦国の城の一生 つくる・壊す・蘇る――竹井英文
武田信玄――平山 優
徳川家康と武田氏 信玄・勝頼との十四年戦争――本多隆成
戦国大名毛利家の英才教育 元就・隆元・輝元と妻たち――五條小枝子
戦国大名の兵粮事情――久保健一郎
戦乱の中の情報伝達 使者がつなぐ中世京都と在地――酒井紀美
戦国時代の足利将軍――山田康弘
室町将軍の御台所 日野康子・重子・富子――田端泰子
名前と権力の中世史 室町将軍の朝廷戦略――水野智之
戦国貴族の生き残り戦略――岡野友彦
鉄砲と戦国合戦――宇田川武久
検証 長篠合戦――平山 優
織田信長と戦国の村 天下統一のための近江支配――深谷幸治
検証 本能寺の変――谷口克広
明智光秀の生涯――諏訪勝則
加藤清正 朝鮮侵略の実像――北島万次
落日の豊臣政権 秀吉の憂鬱、不穏な京都――河内将芳
豊臣秀頼――福田千鶴
偽りの外交使節 室町時代の日朝関係――橋本 雄
朝鮮人のみた中世日本――関 周一
ザビエルの同伴者 アンジロー 戦国時代の国際人――岸野 久
海賊たちの中世――金谷匡人
アジアのなかの戦国大名 西国の群雄と経営戦略――鹿毛敏夫
琉球王国と戦国大名 島津侵入までの半世紀――黒嶋 敏
天下統一とシルバーラッシュ 銀と戦国の流通革命――本多博之

近世史

細川忠利 ポスト戦国世代の国づくり――稲葉継陽
江戸の政権交代と武家屋敷――岩本 馨
江戸の町奉行――南 和男
江戸御留守居役 近世の外交官――笠谷和比古
大名行列を解剖する 江戸の人材派遣――根岸茂夫
江戸大名の本家と分家――野口朋隆

歴史文化ライブラリー

近・現代史

歴史文化ライブラリー

五稜郭の戦い 蝦夷地の終焉――菊池勇夫
水戸学と明治維新――吉田俊純
大久保利通と明治維新――佐々木 克
旧幕臣の明治維新 沼津兵学校とその群像――樋口雄彦
刀の明治維新 「帯刀」は武士の特権か？――尾脇秀和
維新政府の密偵たち 御庭番と警察のあいだ――大日方純夫
京都に残った公家たち 華族の近代――刑部芳則
文明開化 失われた風俗――百瀬 響
西南戦争 戦争の大義と動員される民衆――猪飼隆明
大久保利通と東アジア 国家構想と外交戦略――勝田政治
明治の政治家と信仰 クリスチャン民権家の肖像――小川原正道
文明開化と差別――今西 一
大元帥と皇族軍人 明治編――小田部雄次
明治の皇室建築 国家が求めた〈和風〉像――小沢朝江
皇居の近現代史 開かれた皇室像の誕生――河西秀哉
明治神宮の出現――山口輝臣
神都物語 伊勢神宮の近現代史――ジョン・ブリーン
陸軍参謀 川上操六 日清戦争の作戦指導者――大澤博明
日清・日露戦争と写真報道 戦場を駆ける写真師たち――井上祐子

公園の誕生――小野良平
啄木短歌に時代を読む――近藤典彦
鉄道忌避伝説の謎 汽車が来た町、来なかった町――青木栄一
軍隊を誘致せよ 陸海軍と都市形成――松下孝昭
家庭料理の近代――江原絢子
お米と食の近代史――大豆生田 稔
日本酒の近現代史 酒造地の誕生――鈴木芳行
失業と救済の近代史――加瀬和俊
近代日本の就職難物語 「高等遊民」になるけれど――町田祐一
選挙違反の歴史 ウラからみた日本の一〇〇年――季武嘉也
海外観光旅行の誕生――有山輝雄
関東大震災と戒厳令――松尾章一
昭和天皇とスポーツ 〈玉体〉の近代史――坂上康博
大元帥と皇族軍人 大正・昭和編――小田部雄次
海軍将校たちの太平洋戦争――手嶋泰伸
植民地建築紀行 満洲・朝鮮・台湾を歩く――西澤泰彦
稲の大東亜共栄圏 帝国日本の〈緑の革命〉――藤原辰史
地図から消えた島々 幻の日本領と南洋探検家たち――長谷川亮一
自由主義は戦争を止められるのか 芦田均・清沢洌・石橋湛山――上田美和

歴史文化ライブラリー

モダン・ライフと戦争 スクリーンのなかの女性たち——宜野座菜央見
彫刻と戦争の近代——平瀬礼太
軍用機の誕生 日本軍の航空戦略と技術開発——水沢 光
首都防空網と〈空都〉多摩——鈴木芳行
帝都防衛 戦争・災害・テロ——土田宏成
陸軍登戸研究所と謀略戦 科学者たちの戦争——渡辺賢二
帝国日本の技術者たち——沢井 実
〈いのち〉をめぐる近代史 堕胎から人工妊娠中絶へ——岩田重則
強制された健康 日本ファシズム下の生命と身体——藤野 豊
戦争とハンセン病——藤野 豊
「自由の国」の報道統制 大戦下の日系ジャーナリズム——水野剛也
海外戦没者の戦後史 遺骨帰還と慰霊——浜井和史
学徒出陣 戦争と青春——蜷川壽惠
特攻隊の〈故郷〉 霞ヶ浦・筑波山・北浦・鹿島灘——伊藤純郎
沖縄戦 強制された「集団自決」——林 博史
陸軍中野学校と沖縄戦 知られざる少年兵「護郷隊」——川満 彰
沖縄からの本土爆撃 米軍出撃基地の誕生——林 博史
原爆ドーム 物産陳列館から広島平和記念碑へ——頴原澄子
米軍基地の歴史 世界ネットワークの形成と展開——林 博史
沖縄 占領下を生き抜く 軍用地・通貨・毒ガス——川平成雄
考証 東京裁判 戦争と戦後を読み解く——宇田川幸大
昭和天皇退位論のゆくえ——冨永 望
ふたつの憲法と日本人 戦前・戦後の憲法観——川口暁弘
鯨を生きる 鯨人の個人史・鯨食の同時代史——赤嶺 淳
文化財報道と新聞記者——中村俊介

文化史・誌

落書きに歴史をよむ——三上喜孝
霊場の思想——佐藤弘夫
跋扈《ばっこ》する怨霊 祟りと鎮魂の日本史——山田雄司
将門伝説の歴史——樋口州男
藤原鎌足、時空をかける 変身と再生の日本史——黒田 智
変貌する清盛 『平家物語』を書きかえる——樋口大祐
空海の文字とことば——岸田知子
日本禅宗の伝説と歴史——中尾良信
殺生と往生のあいだ 中世仏教と民衆生活——苅米一志
浦島太郎の日本史——三舟隆之
〈ものまね〉の歴史 仏教・笑い・芸能——石井公成
戒名のはなし——藤井正雄

歴史文化ライブラリー

民俗学・人類学